The Story of CASAS GRANDES POTTERY

by Rick Cahill

Spanish Translation
Julia Gates

A tiny division of Western Imports Publishing & Trading Company ®
P.O. Box 12591 • Tucson, Arizona 85732

First Edition
1 2 3 4 5 6 7 8 9

Printed in the United States of America

Unless otherwise noted, all photos are by the author.

Library of Congress Cataloging-in-Publication Data

Cahill, Rick, 1950-
  The Story of Casas Grandes Pottery

  Includes:
  ISBN 0-9630853-0-1 : $14.95
  1. Spanish/English 2. Mexico, Chihuahua - Description,
  photography and travel. 3. The people and their art -
  pottery. 4. Archaeology - Anthropology - Ancient Indian
  design.

Library of Congress Catalog Card Number:
90-71243

ISBN 0-9630853-0-1

This book is printed on low-acid paper.

Acknowledgements

This book could not have been produced without a little help from my friends. I would like to express my gratitude to everyone who worked with me on this project: Val for making that first trip; Walter Parks for contributing his cheerful newsletters and photographs; Carrie for graphic design assistance and for other reasons; the Arizona State Museum and the Arizona Historical Society for photographs; Spencer MacCallum for his curious nature and aesthetic eye, which ultimately led to the discovery of the new pottery tradition in the Casas Grandes Valley; self-professed computer junkie Randy Gates for electronic assistance, and his lovely wife Julia for the English/Spanish translation; Tom Fresh, director of USC's Idyllwild School of Fine Arts, for his helpful suggestions; Vonn Watkins for the cover design and to all those whose names have slipped my mind.

Special thanks go to my friend Juan Quezada and his family for allowing me to share their lives with the rest of the world. I am also grateful to the following potters who extended their friendship. Without their contributions, this book would not have been possible.

Reconocimientos

No podría haber producido este libro sin la ayuda de mis amigos. Quiero reconocer a todos los que trabajaron conmigo en este proyecto: a Val por hacer ese primer viaje; a Walter Parks por contribuir sus cartas de noticias y fotografías alegres; a Carrie por su asistencia con el diseño gráfico y por otras razones; al museo del estado de Arizona y a la sociedad histórica de Arizona por fotografías; a Spencer MacCallum por su curiosidad y perspectiva estética, la que me llevó a descubrir el renacimiento de la tradición de la cerámica de la valle de Casas Grandes; a Julia Gates por la traducción inglés/español; a Randy Gates por su asistencia "Macintosh;" a Tom Fresh, el director de la escuela Idyllwild para los Artes Finos de USC, por verificar la exactidud histórica del libro; a Vonn Watkins por el diseño para la portada y a todos los quienes nombres se me han sido olvidados.

Muchísimas gracias a mi amigo Juan Quezada y su familia por dejarme a compartir sus vidas con el mundo. Tambien, estoy agradecido a los alfareros siguientes para su amistad. Este libro no sería posible sin sus contribuciones.

Preface

The revitalization of pottery-making among the Indians of the Southwest has increased demand for more information about potters and their art. Museums display Casas Grandes pottery, collectors cherish it, scholars study it, yet books available about this subject are few and in many cases outdated.

The purpose of this book is to provide the general public with an up-to-date account of the pottery tradition of the Casas Grandes Valley. So much has happened in the last few years, we felt a book would be of emmense value to scholars, collectors, dealers, students and anyone intrigued by the pottery of the Southwest and its exciting metamorphosis during the past century.

To present the reader with an uninterrupted and unencumbered report on the status of modern pottery in the Casas Grandes Valley, we have purposely stayed away from the scholarly approach. Since pottery is a visual art, we thought we would take you on a visual journey to the Casas Grandes Valley, where you can walk down the dusty streets of the old village and enter the homes of these humble, yet highly creative people. Here you can see for yourself what's happening.

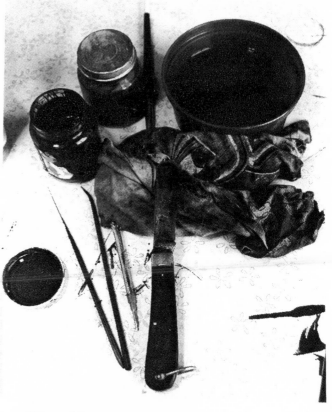

Prólogo

La revitalización del hacer de la cerámica entre los indios del suroeste ha aumentado la demanda para más información sobre los alfareros y su arte. Los museos exhiben la cerámica de Casas Grandes, los coleccionistas la acarician, los sabios la estudian, sin embargo, no existen muchos libros acerca de este sujeto, y en muchos casos están anticuados.

El propósito de escribir este libro es para suministrarle al público un relato corriente de la tradición de la cerámica del valle de Casas Grandes. Tanto ha sucedido durante los últimos años que creíamos que un libro les valdría mucho a los sabios, los coleccionistas, los comerciantes, los estudiantes, y a cualquiera persona que estuviera intrigada por la cerámica del suroeste y la metamórfosis emocionante que la afectó durante el siglo pasado.

Para presentarle al lector un relato ininterrumpido y inimpedido del estado de la cerámica moderna del valle de Casas Grandes, de propósito hemos evitado un enfoque sabio. Desde la cerámica es un arte visual, creíamos que le llevaríamos en un viaje visual al valle de Casas Grandes, a donde se puede caminar por las calles polvorientas del antiguo pueblo y entrar en las casas de esta gente humilde y muy creativa. Aquí se puede ver para sí mismo lo que pasa.

"The potter is wiry, active, energetic.
The good potter is a skilled man with
clay - thoughtful, deliberating; a
fabricator, a knowing man, an artist.
He is skilled with his hands."

Sahagun (A.D. 1569)

"El alfarero es nervudo, activo,
enérgico. El buen alfarero es un
hombre hábil con el barro—pensativo,
cauto; un fabricador, un hombre
sabio, un artista. Es hábil con sus
manos."

Sahagun (A.D. 1569)

Important note: Anyone attempting this trip should be aware that it is 72 miles to the nearest services. The road is rough, unmarked and, depending on the season, may be impassable. Travel at your own risk.

Una nota importante: Si alguien intente hacer este viaje, debe saber que hay 72 millas de camino para llegar a los servicios más cercanos. El camino es rugoso, sin señales, y depende en cual estación que sea, puede ser intransitable. El riesgo es suyo. Tenga cuidado en viajar.

The Journey

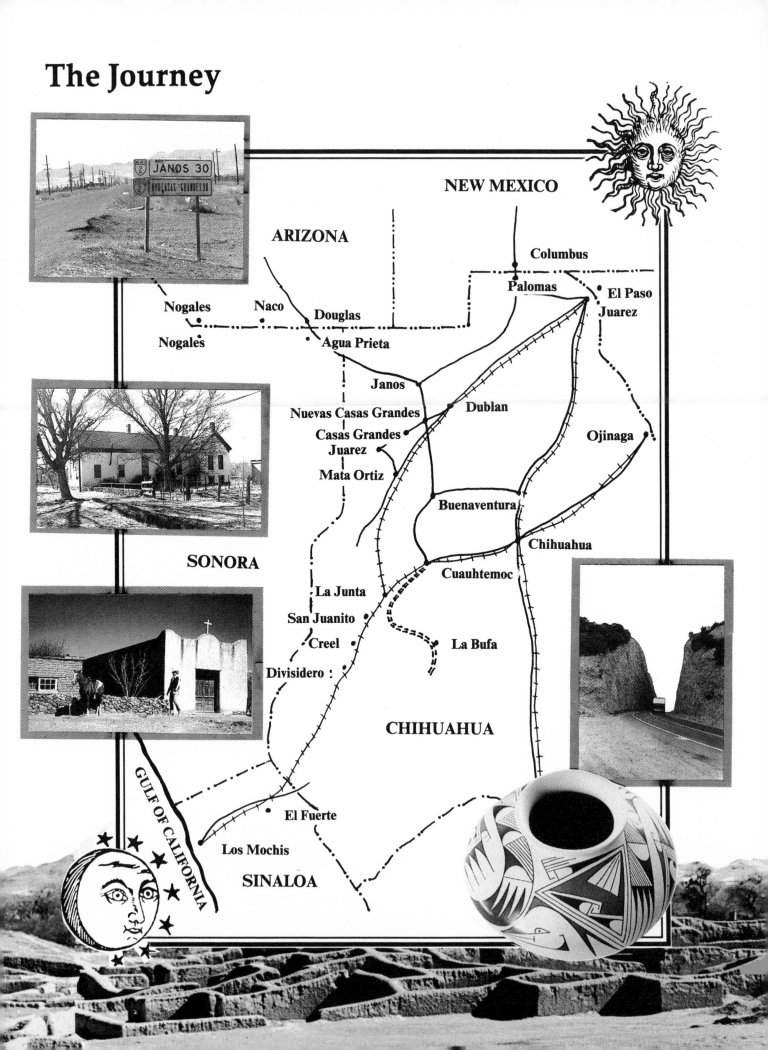

NEW MEXICO

ARIZONA

JANOS 30

Columbus

Palomas

El Paso
Juarez

Nogales   Naco   Douglas

Nogales   Agua Prieta

Janos

Dublan

Nuevas Casas Grandes

Casas Grandes   Ojinaga
Juarez

Mata Ortiz

Buenaventura

Chihuahua

SONORA   Cuauhtemoc

La Junta

San Juanito

Creel   La Bufa

Divisidero

CHIHUAHUA

GULF OF CALIFORNIA

El Fuerte

Los Mochis

SINALOA

Contents   Contenido

Introduction

This is a story of exploration and discovery. It is a personal adventure about our first trip to the high country of northern Mexico, a story of our search for the potters of Casas Grandes:

We cross the border at Douglas, Arizona, and head for the highway. The road takes us on a climbing drive over two mountain ranges and through an obstacle course of potholes, hairpin turns and crazed beer truck drivers. Colorful roadside shrines, adorned with plastic flowers, honor those who have died on this highway and alert us to the danger that may be lurking around the next curve.

Six grueling hours later, we find ourselves in a rich agricultural valley dotted with lush green orchards of peaches, apples and cherries. It is in this high valley that more than forty artisans produce pottery of such high quality it is considered by museums and collectors to be equal to or better than the best work of the American Indians of the Southwest.

Black smoke from hundreds of smudge pots drifts into the air protecting the fragile fruit trees and warning us of the cold weather ahead. As soon as we arrive in the town of Casas Grandes, we begin asking questions about the potters, but nobody seems to know what we're talking about. We don't realize it, but we're in the wrong town. The village we are looking for is located some seventy rugged miles away. Not only that, it isn't even listed on our map of Mexico. Mata Ortiz is an illusive town hiding somewhere in the shadow of distant mountains.

In our search, we drive from Nuevo Casas Grandes to Viejo Casas Grandes. We ask more questions and still nobody can provide us with any answers.

We travel farther to Colonia Juarez, a stately little town that gave home to thousands of Mormons in 1890 when poligamy was outlawed in the United States. Though poligamy has long gone by the wayside, the town is still a Mormon community. We see handsome young boys from the missionary school walking along the streets with prayer books in hand; some ride bicycles and wear crisp, white shirts and thin, black ties. We ask them questions about the potters, but they, too, have no answers.

In a feeble attempt to find what we're looking for, we drive lonely dirt roads out on the open range, all the while looking in the backyards of the little rancherias for some bit of information or some form of activity that might indicate evidence of pottery making: a smouldering pile of dung (a common method of firing pots in these parts), an adobe kiln, anything.

Finally, behind a ranch house we see a man pushing a wheelbarrow filled with firewood. We pull off the road in front of a green adobe building. We notice a sign painted on the side in big whitewashed letters. It reads: ''Good Pottery For Sale.''

As soon as we get out of the truck, we are greeted by a smiling senorita. She invites us inside. Curious to what we'll find, we follow her, ducking to avoid hitting our heads on the low doorway. Hard-earthen floor under foot, we walk down a long narrow, dimly lit corridor to the back of the house where the whole family is patiently working on clay pots.

Introducción

Este es un cuento de exploración y descubrimiento. Es una aventura personal de nuestro primer viaje al campo alto del norte de México, un cuento de nuestra busca para los alfareros de Casas Grandes:

Cruzamos la frontera en Douglas, Arizona, y seguimos para la carretera. En el camino manejamos por subir dos cordilleras de montañas y por medio de un camino difícil de baches, viradas fuertes y conductores locos de camiones que llevan cerveza. Los relicarios coloridos por el camino, adornados con flores de plástico, les honran a los que han muerto en esta carretera y nos alertan al peligro que pueda ser acechando alrededor de la próxima curva.

Seis horas fastidiosas más tardes, estamos en un rico valle agrícolo con huertos lozanos y verdes de duraznos, manzanas y cerezas. Está en este valle alto que más de cuarenta artesanos producen cerámica de una calidad tan buena que los museos la creen ser igual o mejor que las obras mejores de los indios americanos del suroeste.

El humo negro de centenas de fuegos para evitar la escarcha deriva por el aire para proteger los árboles frágiles de fruta y avisarnos del tiempo frío que se acerca. Tan pronto como llegamos al pueblo de Casas Grandes, empezamos a preguntar por los alfareros, pero nadie sabe de lo que preguntamos. No nos damos cuenta de ello, sino estamos en el pueblo incorrecto. El pueblo que busquemos está unas setenta millas rugosas a lo lejos. Además de eso, ni siquiera está en nuestro mapa de México. Mata Ortiz es un pueblo ilusivo escondido en alguna parte de la sombra de las montañas distantes.

En nuestra busca, conducimos desde Nuevo Casas Grandes hasta Viejo Casas Grandes. Preguntamos más y todavía nadie puede ayudarnos.

Viajamos más hasta la Colonia Juarez, un pueblito imponente donde vivían millones de Mormones en 1890 cuando se declaró ilegal la poligamia en los Estados Unidos. Aunque hace mucho tiempo que era polígama, la Colonia Juarez ya es una comunidad Mormón. Los vemos a niños guapos de la escuela misional caminando por las calles llevando libros de rezos; algunos andan en bicicletas y llevan camisas blancas y corbatas delgadas y negras. Les preguntamos. Todavía no hay respuestas.

Con una tentativa débil de averigüar lo que busquemos, conducimos por caminos soledosos de tierra en el terreno de pasto, todo el tiempo mirando a los patios traseros de las rancheritas para averigüar cualquier indicio provechoso o ver una actividad que pueda indicar evidencia del fabricar de la cerámica: una pila de estiércol ardiendo en rescoldo(un método común de pegar fuego a las ollas por estas partes), un horno de adobe, o cualquiera cosa.

Por fin, detrás de una hacienda lo vemos a un

This is the ranch of Manuel Olivas, a Casas Grandes potter of minor celebrity who employs his whole family in the art of pottery making. We watch as the family works. One of the daughters is smoothing out a pot on a home-devised wheel made from an old record player. On the other side of the room, we notice the mother applying a white slip to a large bowl with a big, sloppy brush. Manuel, deep in concentration, sits alone at a table painting an intricate design on the surface of an effigy pot.

It is interesting to observe the process and rewarding to be accepted with such warmth by the family. They make us feel at home and take time to explain and demonstrate every stage of their pottery production. After a while I ask if they have any pottery for sale, but unfortunately the weather is too cold to do any firing. If production is rushed on a day like this, the result will be disasterous. Since the pots are red-hot when pulled from the kiln, exposure to the cool air would immediately crack and shatter the fragile vessels. We see evidence of this in the backyard: a huge pile of pottery sherds.

Each of Manuel's pots takes about six hours to complete; two hours to hand coil, pinch and smooth; another three or four hours to paint and burnish and thirty minutes to fire. With the number of hours of hard work involved in producing each piece, it simply isn't worth rushing the last and most crucial stage.

Manuel asks us to return in the morning. Hopefully the weather will be warmer. If the conditions are right, he will fire some of the pieces that had caught our eye. We thank him for his hospitality and promise to be back bright and early. We spend the rest of the day taking in the sights.

Located on the edge of town, the Paquime Ruins are the most popular tourist attraction in the area. Perhaps a visit to this ancient city might provide us with some insight into the history of the people and the crafts of the Casas Grandes region.

We explore the ruins, wandering in and out of a maze of connecting rooms, pretending we are tracing one of those open designs on a Casas Grandes pot. We observe what remains of an ancient, multi-storied city now filled with crumbling adobe buildings eroding in the high prairie wind. We imagine it as it was in the beginning, a magnificent city decorated with colorful patterns and Indian designs, a city so modern it had a sewer system that brought water from a nearby hot springs and distributed it to all parts of the two hundred acre complex.

We walk through the central plaza that was once a marketplace bustling with activity. We are reminded that it was here that the ornamental Casas Grandes pottery began, pottery so famous it was traded throughout an area ranging as far south as the Tropic of Cancer and as far north as the state of Colorado.

We pause by the ball court for a moment and envision dark-skinned Indians, clad in loincloths, playing a primitive game of soccer. In ancient times this was the way disputes were settled and, depending on the outcome of the game, kingdoms were won or lost, whole families became slaves or slave owners and many were simply beheaded.

hombre empujando una carretilla llena de leña. Conducimos al lado del camino en frente de un edificio verde de adobe. Nos fijamos en un signo pintado en el lado con gran letras jalbegadas. Dice: "Se vende cerámica buena."

Tan pronto como bajamos del camión, nos saluda una señorita sonriente. Nos invita adentro. Ser curiosos de lo que vamos a encontrar, la seguimos, bajándonos las cabezas para no tropezar con la entrada baja. Con el suelo duro de tierra debajo, caminamos por un pasillo largo y estrecho con poca luz para el fondo de la casa donde está la familia entera trabajando pacientemente en ollas de barro.

Este es el rancho de Manuel Olivas, un alfarero de Casas Grandes de poca celebridad quien emplea toda su familia en el arte de hacer la cerámica. Los miramos que trabajan la familia. Una de las hijas alisa una chiquita olla arollada en un torno de alfarero hecho en casa de un tocadiscos. Al otro lado del cuarto nos fijamos en que la madre la aplica a una escudilla grande un poco de yeso con un gran cepillo mojado y sucio. Manuel se reconcentra mucho, se sienta sólo en una mesa pintando un diseño intrincado a la superficie de una olla de efigie.

Es interesante observar el proceso y nos da satisfacción que la familia nos acepta con tanta amistad. Nos dejan sentir muy contentos y toman el tiempo para explicar y demostrar cada parte de la producción de la cerámica. Después de un rato, les pido si se venda cerámica, pero desafortunadamente, hace demasiado frío para pegar fuego. Si se despache rápidamente la producción en un día como éste, será desastroso. Acausa de que las ollas están calentados al rojo cuando se las quita del horno, inmediatamente las ollas frágiles pudieran quebrarse y hacerse pedazos en el aire fresco. Esto es evidente en el patio trasero: una pila enorme de tepalcates de cerámica.

Toma casi seis horas para terminar una de las ollas de Manuel; dos horas para arrollarla de mano, apretarla y alisarla; otras tres o cuatro horas para pintarla y bruñirla y treinta minutos para pegarla fuego. Con tantas horas de trabajo para producir cada obra, no vale la pena de despechar rápidamente la última parte más crucial.

Manuel nos pide a regresar por la mañana. Esperamos que haga tiempo más calor. Si haga buen tiempo, va a pegarlas fuego a unas obras que nos habían gustado. Le dimos gracias para su hospitalidad y le prometimos que regresaremos temprano. Pasamos lo que queda del día visitando puntos de interés.

Las ruinas de Paquimé están en las afueras del pueblo y son la atracción turística más popular. Quizás si visitemos a esta ciudad antigua, podamos aprender más de la historia de la gente y los artes de la región de Casas Grandes.

We pass the house of skulls, so named because of the mounds of skulls found there. It's a morbid image, but when you're standing in the middle of a dead world at sunset, it's not terribly difficult to imagine bones and skulls suspended from the ceiling of this trophy room. Centuries lay under our feet. Around us still lay thousands of pottery sherds. And beneath the surface, the hollow sockets, which once held eyes that looked out on a world as real as our own, are filled with the dust of ages.

In the morning we return to Manuel's house. He is already out in back filling his adobe kiln with pottery. His nine-year-old son carries an arm-load of firewood and drops it at his father's feet. Manuel ruffles the boys hair, smiles and begins to stoke his outdoor oven. It is another cool day and a strong wind is blowing. We're concerned that Manuel is only firing his pots on our account. After asking us to return, it is a matter of honor. He won't let us down, even if it means losing a batch of his work in the process.

Although we appreciate Manuel's pottery, it isn't really what we're hoping to find. Manuel uses a crude potter's wheel, a primitive kiln and reproduces pots that are replicas of the ancient Casas Grandes Indians. They are well executed and quite elegant, but they have a rustic look to them, much like the ancient originals. What we are looking for are highly stylized pieces, more precisely the works of an artist by the name of Juan Quezada.

The Quezada family makes some of the finest pottery in the area. They use a slightly different process in their pottery production than Manuel's family. Their pieces are hand-shaped without a wheel, fired without a kiln, painted with natural pigments and the designs are more contemporary - a fusion of ancient and modern styles.

We ask Manuel if there are any other potters in the area. He tells us that he's the only one, but we suspect he isn't being completely honest. So we keep asking questions, and when we finally mention the name Juan Quezada, he confesses. He is proud to be a friend of a famous international artist. We ask Manuel where Juan lives, and he points to the snow-covered mountains in the distance.

"Very far," he says in Spanish.

"Can you give us directions?" we ask.

He scratches his head. "It is very difficult to explain, and the road is very ugly."

"We don't care," we reply, hoping he will find it in his heart to help us. "We would like to meet Juan Quezada very much."

After some thought Manuel gives in. "I can take you there, but you'll have to wait until tomorrow. I have much work to do today."

We return the next day to take Manuel, his wife and two children on a Sunday sojourn to the Quezada Ranch.

Two bone-jarring hours later, we drive over the crest of a hill. Below us we see a tiny pueblo (village) snuggled at the base of the mountains. It has an ambiance of antiquity about it. The crumbling adobe buildings look as though they were built around the same time as the Paquime Ruins, and it is difficult to imagine people living there. There are no visible signs of modern society: no industry,

Exploramos las ruinas errando de una parte a otra en el laberinto de cuartos conectados, fingiendo que estamos rastreando uno de los diseños en una olla de Casas Grandes. Observamos lo que se queda de una antigua ciudad de muchos niveles, ahora están edificios erosionando en el viento fuerte de la pradera.

Nos imaginamos lo que había al principio, una ciudad magnífica decorada con patrones coloridos y diseños de los indios, una ciudad tan moderna que tenía un sistema de llevar agua desde la fuente caliente cercana hasta todas partes de la región de dos cientos de acres. Caminamos por el zócalo, el que era un mercado muy ocupado con el comercio. Recordamos que empezó aquí el fabricar de la cerámica de Casas Grandes, cerámica tan famosa que se la comerciaba por todas partes de la región de lejos al sur a la zona tropical de cáncer y de lejos al norte al estado de Colorado; al este a Kansas City y al oeste a San Francisco.

Nos detenemos por la cancha de baloncesto por un rato para imaginar indios con piel moreno, llevando taparrabos, jugando un juego primitivo del fútbol. En los tiempos antiguos, así se fijaron las disputas, y depende en como salió el juego, ganaron o perdieron los reinos, las familias enteras se pusieron esclavas o dueños de esclavos y, simplemente, les decapitaron a muchos.

Pasamos por la casa de cráneos, llamado por el montón de cráneos que está allá. Es una vista malsana, pero cuando se para en medio de un mundo muerto por la puesta del sol, no es muy difícil imaginar huesos y cráneos colgando del techo de este cuarto de trofeos. Han pasado siglos. Por todas partes hay miles de tepalcates de cerámica. Y debajo, las cuencas hundidas, las que tenían ojos el nuestro, ya son llenas con el polvo de tiempo.

Por la mañana regresamos a la casa de Manuel. Ya está al fondo llenando su horno con cerámica. Su hijo que tiene nueve años de edad lleva leña y la deja a los pies de su padre. Manuel alborota el cabello de su hijo, sonríe y empieza a atizar su horno de afuera. Es otro día fresco y hace mucho viento. Nos preocupamos de que Manuel sólamente esté pegándolas a sus ollas para nosotros. Después de pedirnos a regresar es una cosa de honor. No va a chasquearnos, aunque pueda perder sus obras por hacerlo.

Aunque la apreciamos la cerámica de Manuel, no es lo que buscábamos. Manuel usa una torno de alfarero crudo, un horno primitivo, y reproduce ollas que son réplicas de las de los indios antiguos de Casas Grandes. Las hace bien y son muy elegantes, pero se ven rústicas, muy semejante a los originales antiguos. Lo que busquemos son obras de sumo grado, las obras del artista llamado Juan Quezada.

La familia Quezada hace alguna de la cerámica más fina de la región. Usa un proceso un poco diferente que lo de la familia de Manuel para producir la cerámica. Sus obras son formadas de mano sin torno de alfarero, pegadas fuego sin horno, pintadas con tintas naturales y

no stores and the villagers travel the dusty, dirt streets on horseback. Behind one of the houses we notice a woman washing clothes in a huge black kettle perched on a log fire. She smiles at us and waves. She is a handsome woman, but her face is prematurely lined by the harsh, dry climate and too much hard work. She pulls the steaming clothes from the kettle and hangs them to dry on an ocotillo fence.

Manuel continues to direct the way, and soon we are circling the edge of town, heading toward the mountains, when he points out the Quezada Ranch. We park and tumble out of the truck. Manuel and his children escort us to the door.

Although we have interrupted Juan's work, he is very pleasant and cordial. Manuel introduces us and tells him that we are interested in buying some of his pottery. Juan invites us inside and offers us a cup of coffee. We sit on stools around the kitchen table watching the flames dance in the stone fireplace. Unfortunately, Juan tells us he has nothing for sale. In fact, he informs us that all of his pieces are sold even before they are made. He explains that he has an agent in California who sells everything he makes.

We tell Juan that we have seen some of his pieces in a museum in Phoenix, Arizona. He beams with pride that two strangers are so interested in his work. He gets up off his stool and gathers up a couple of brochures from his desk advertising his most recent shows: one is from the Philadelphia Museum of Art, another is from the Los Angeles Museum of Art. Then he goes to a cupboard and brings out four small effigy pots. These are the only wares he has for sale, exquisite pieces done by his son Noe. The price is one hundred dollars apiece. A little steep, perhaps, but then again we've never seen such beautiful and precise work. Compared to prices of similar American Indian crafts, it's a bargain. We buy them all.

We ask Juan how he learned his craft. He tells us that when he was a young boy he was a wood cutter by trade. He says he spent much of his time in the mountains where he found curious prehistoric artifacts: cooking pots, water jugs and bowls. Although these artifacts were broken, he was so attracted by the beauty of this art that he wanted to recreate it. He reasoned that if the ancient potters had the technology to create ceramics, he could discover it again. So he began his search.

Although he moved from town to town, working as a farmer and a railroad hand, the challenge of ceramics always remained with him. He was forever experimenting with making paints from local plants and minerals, firing test slabs and comparing them to the prehistoric sherds he found in the mountains.

We watch Juan as he works. He begins a pot by forming a clay tortilla and pressing it into a plaster mold to form the bottom. He completes the piece by using a pinching method; the result is a beautifully symmetrical, impossibly perfect vessel, all achieved without the use of a potter's wheel. He puts the pot aside to dry slightly before painting it. The black pot he is working on will be burnished first. His polychromes are painted and then burnished. The burnishing process requires hours of polishing with a smooth stone and oil. Juan's wife and other family members often help with the burnishing process.

son más contemporáneos los diseños–una fusión de estilos antiguos y modernos.

Le preguntamos a Manuel si haya más alfareros en la región. Dice que está el único, pero no lo creemos. Así pues seguimos preguntándole, y cuando por fin mencionamos el nombre de Juan Quezada, confiesa. Tiene orgullo de ser amigo del artista de fama internacional. Le preguntamos donde vive Juan, y señala a las montañas coronadas de nieve a lo lejos.

"Muy lejos," dice.

"Pudiera decirnos como se va?" preguntamos.

Se la rasca la cabeza. "Es muy difícil explicar, y es muy malo el camino."

"No nos importa," contestamos, esperando que quisiera ayudarnos. "Nos gustaría mucho a conocerle a Juan Quezada."

Despues de pensar un rato, Manuel se pone de acuerdo. "Puedo llevarles allí, pero hay que esperar hasta mañana. Tengo mucho que hacer hoy."

Regresamos el próximo día para llevar Manuel, su esposa y dos hijos en un paseo de domingo al rancho de los Quezada.

Después de dos horas muy agitadas conducimos por cima de una loma. Debajo podemos ver un pueblito reposando al canto de las montañas. Parece muy antiguo. Los edificios de adobe parecen que fueron construídos en casi el mismo tiempo de las ruinas de Paquimé, y es difícil imaginar que ya viven gente allí. No tiene trazas de una sociedad moderna: No hay industria, ni tiendas y los habitantes viajan por las calles polvorientas y sucias montado a caballo. Detrás de una de las casas nos fijamos en una mujer lavando ropa en una gran caldera negra sobre un fuego de leña. Ella se nos sonríe y hace señas. Es una mujer guapa, pero su cara se ve muy arrugada antes de su tiempo por el clima duro y seco y por demasiado trabajo. Ella quita la ropa de la caldera y la cuelga para secar en una cerca de ocotillo.

Manuel sigue a señalar el camino, y pronto estamos para las afueras del pueblo, dirigiéndonos hacia las montañas, cuando señala al rancho de las Quezadas. Dejamos y nos bajamos del camión. Manuel y sus hijos nos llevan a la puerta.

Aunque lo hemos interrupido, Juan está muy simpático y cordial. Manuel nos introduce y le dice que tenemos interés en comprar alguna de su cerámica. Juan nos invita adentro y nos ofrece café. Nos sentamos en escabeles por la mesa en la cocina mirando las llamas en la chimenea de piedras. Desafortunadamente, Juan nos dice que no tiene nada que puede vender. En realidad, nos informa que ya son vendidas todas sus obras aun antes de que pueda hacerlas. Nos explica que tiene un agente en California que vende todo que hace.

Le decimos a Juan que hemos visto algunas de sus obras en un museo en Phoenix, Arizona. Tiene mucho

4

His designs evolve as he paints, though he seems to follow a few simple principles. I notice that after he paints a line, he rotates the pot 180 degrees and repeats the same line on the opposite side, so that all design elements are repeated twice. But sometimes the pots are quartered, and design elements are repeated four times. He usually outlines his polychrome designs in black and fills in the solid areas in red; however, at other times he reverses the process. Then he brushes cooking oil over the surface to slow the drying process. If a pot drys too quickly, it is likely to crack.

One of the differences in Juan's new pottery is the absence of an equator line (sometimes called the transition line). The old pots were cooking vessels, so there was no need in having a design near the bottom because it would ultimately be scorched by fire.

The most amazing part of Casas Grandes pottery is the firing process. After a pot is painted, stone polished and allowed to dry for two or three days, it is fired outdoors. This is usually done by inverting a pot on some stones, placing a pail of some sort over it, building a beehive-like stucture of cow chips around it, then setting the whole affair on fire. About thirty minutes later, Juan scatters the fire and removes a glowing, red-hot pot with a poker. He takes it indoors and cools the pot by placing it on a wood-burning stove.

It is interesting how things have evolved. Over seven hundred years in the development of Casa Grandes pottery, there have been changes in style and function, periods of high production, and for a few centuries the skills completely died out. In the 1960s, when tourists and archaeologists began to visit the newly excavated Paquime Ruins, local residents noticed a lot of illegal selling and trading of ancient ollas (pots). They decided to capitalize on this market and began to experiment with pottery making, using old pots as a reference. After these first pots were fired, they were buried in the ground to age and then sold to tourists as artifacts. It was from this humorous beginning that the renaissance of an ancient craft came to be.

On the way out of the village we notice a pile of cow dung in the Quezada backyard. It's still incredible to us that such a primitive process can yeild such high quality results.

We are impressed by the way these potters are illuminating the spirit of their nation's past and are keeping Mexico's history alive. After all, it is here in the high country of Chihuahua that the story of Casas Grandes pottery began, and the history is still being written and researched. And we feel lucky to be part of it.

orgullo de que dos extranjeros tienen tanto interés en su arte. Se levanta de su escabel y recoge unos folletos de su escritorio que anuncian sus exhibiciones más recientes: uno es del Museo de Arte de Philadelphia, otro del Museo de Arte de Los Angeles. Luego va a un armario y quita cuatro ollitas de efigie. Estas son las únicas que pueda vender, ollas exquísitas hecho por su hijo, Noe. Cada una cuesta ciento dólares. Quizás poco caro, pero, nunca hemos visto obras tan hermosas y precisas. Comparado a los precios del arte semejante de los indios americanos, es una ganga. Las compramos todas.

Le preguntamos a Juan cómo aprendió el arte. Nos dice que cuando era niño, trabajaba de leñador. Dice que pasaba mucho tiempo en las montañas donde encontraba artefactos curiosos del tiempo prehistórico: Ollas para cocinar, jarras para agua y escudillas. Aunque estaban rotas, le gustaban tanto este arte que quería recrearlo. Pensaba que si los alfareros antiguos tenían la tecnología para hacer la cerámica, podía descubrirla de nuevo. Así empezó su busca.

Aunque se movió de pueblo a pueblo, trabajando de campesino y obrero de ferrocarril, el desafío de fábricar la cerámica quedó con él. Siempre experimentaba con el hacer de pinturas de plantas y minerales de la región, probando el pegar fuego a muestras para compararlas a los tepalcates prehistóricos de las montañas.

Le miramos que trabaja Juan. Empieza por formar una tortilla de barro y prensarla en un molde de yeso para formar el fondo. Termina con la obra por usar un método de apretar; el resultado es una vasija hermosamente simétrica que es imposiblemente perfecta; todo hecho sin usar un torno de alfarero. Pone la olla aparte para secar un poco antes de pintarla. Primero va a bruñir la olla negra en que está trabajando. Pinta sus policromadas y luego las bruñe. El proceso de bruñir toma horas con una piedra suave y con aceite. La esposa de Juan y los otros miembros de la familia ayudan con este proceso.

Por pintar vienen sus diseños, aunque parece seguir unos principios simples. Me fijo en que después de pintar una línea, la hace girar la olla por 180 grados y hace la misma línea al otro lado, para que repite dos veces todos los elementos del diseño. Pero, a veces descuartiza las ollas, y repite cuatro veces los elementos del diseño. Por lo usual traza el esquema de sus diseños policromados con negro y llena las secciones sólidas con rojo; aún, otras veces invierte el proceso. Luego acepilla aceite sobre la superficie para retrasar el proceso de secar. Si seque demasiada rápidamente una olla, pueda quebrar.

La falta de una línea ecuatorial (también llamado la línea de tránsito) es una de las diferencias de la cerámica nueva de Juan. Las ollas viejas sirvieron para cocinar, así no fue necesario un diseño cerca del fondo porque lo chamuscaría el fuego.

La parte más asombrosa de la cerámica de Casas Grandes es el proceso de pegar fuego. Después de pintar una olla, pulirla con piedras, y dejarla a secar para dos o tres días, la pega fuego al aire libre. Lo hace usualmente por invertir la olla en unas piedras, cubrirla con una herrada, poner el estiércol alrededor de ella en una formación como una colmena, y luego encenderla toda. Después de más o menos treinta minutos, Juan lo dispersa el fuego y quita la olla caudente con un atizador. La lleva adentro y la enfría despaciamente por ponerla en un horno de leña.

Nos interesa como ha cambiado la cerámica. Durante los setecientos años del desarrollo de la cerámica de Casas Grandes, ha cambiado el estilo y la función, habían tiempos de gran producción, y por unos siglos el arte se cayó en desuso. En los años de 1960 cuando los turistas y arqueológicos empezaron a visitar las ruinas de Paquimé nuevamente excavadas, los residentes locales se fijaban en el vender y comerciar ilegal de las ollas antiguas. Decidieron aprovechar de este comercio y empezaron a experimentar con el fabricar de la cerámica, usando como referencia las ollas antiguas. Después de pegarlas fuego a estas primeras ollas, las enterraron para envejecerlas, y luego las vendieron a los turistas como artefactos. De este origen caprichoso vino el renacimiento de un arte antiguo.

Al salir del pueblo, nos fijamos en una pila de estiércol quemando en el patio trasero de los Quezada. Para nosotros es increíble que un proceso tan primitivo pueda producir resultados de una calidad tan fina. Nos imprime como celebran y mantienen la historia de México estos alfareros. Después de todo, empezó aquí en la región montañosa de Chihuahua la historia de la cerámica de Casas Grandes, y todavía sigue la historia y se la investiga. Estamos orgullosos de ser parte de ella.

Pueblo Pottery

To appreciate the Casa Grandes pottery of northern Mexico, it is necessary to understand the pueblo pottery of the southwestern United States. Both have a long, fascinating and interrelated history that dates back some fifteen hundred years. Ancient design schemes, though different from one century to the next, have influenced the potters of the Casas Grandes Valley, as well as the potters of New Mexico and Arizona. Individual potters have adapted these prehistoric designs to their own particular styles.

In recent years a few pueblo potters have become quite famous for their high quality ceramics. Unlike many of today's Indian potters who depend on commercial supplies, these potters produce their wares the traditional way, the way their ancient ancestors did centuries ago. Most Casas Grandes potters use the traditional method, too, but, regrettably, most of them remain anonymous.

Even though the Indians of the southwestern United States have been producing ceramics longer than the Casas Grandes potters, they have drifted away from traditional styles. Around the turn-of-the-century, with the coming of the railroads, tourist demand for Indian souvenirs increased, but it was never quite the same as it was before the arrival of the traders. The pottery began to be designed with the eastern tourist in mind. Familiar shapes began to appear: bowls with handles, coffee mugs and candlesticks. Soon there was very little pottery being made for native use.

Today the Indians of the Southwest make a distinction between traditional and contemporary pottery. "Traditional" means the pots have been formed by hand and painted with natural pigments.

"Contemporary," on the other hand, means the pots are made with commercial clay, poured from a mold and painted with poster paint. Although there are a variety of styles, the shapes are perfect and lack the character of traditional pottery. The designs, however, are all painted by hand.

Courtesy of the Arizona State Museum

La Cerámica del Pueblo

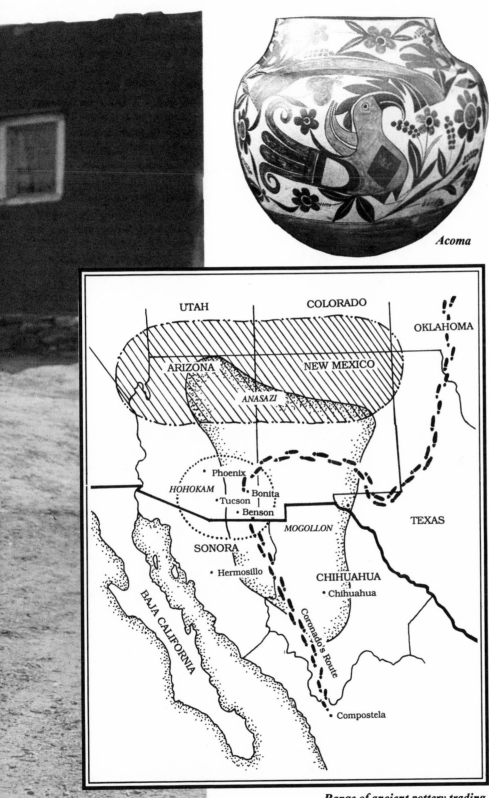

Acoma

Range of ancient pottery trading.

Para apreciar la cerámica de Casas Grandes, es necesario comprender la cerámica de los pueblos del suroeste de los Estados Unidos. Ambos tienen una historia extensa, fascinante y correlativa de veinte y cinco siglos. Los diseños antiguos, aunque diferentes de siglo a siglo, los han influido a los alfareros del valle de Casas Grandes, así como los alfareros de los pueblos de New Mexico. Los alfareros han adaptado estos diseños a sus propios estilos.

Recientemente se han puesto famosos unos de los alfareros del Pueblo. A diferencia de muchos de los alfareros indios de hoy, estos alfareros hacen su arte por la manera tradicional. La mayoridad de los alfareros de Casas Grandes usan la manera tradicional, también, pero, desafortunadamente, se quedan anónimos.

Aunque los indios del suroeste de los Estados Unidos producen ollas por más tiempo que los alfareros de Casas Grandes, los indios han dejado los estilos tradicionales. Acerca del cambio de siglo, cuando venía los ferrocarriles, los turistas pedían más recuerdos indios. Por eso, revivía el fabricar de la cerámica, pero no era igual al tiempo antes de que llegaron los comerciantes. Empezaron hacer la cerámica para que le gustara el turista del este. Empezaron hacer formas familiares: escudillas con asas, cubiletes para café y candoleros. Pronto no hacían mucha cerámica para los usos nativos.

Hoy los indios del suroeste distinguen la cerámica tradicional de la contemporánea. Las ollas que hacen de mano y pintan con tintas naturales se llama "tradicional." Por otra parte, las ollas que se hace en una fábrica y se vacía de un molde se llama "contemporáneas." Aunque hay una variedad de estilos, son perfectos las formas y faltan el carácter de la cerámica tradicional. Sin embargo, se pintan de mano los diseños.

8

By the mid-seventh century, Casas Grandes pottery was already being painted with red Mogollon designs on polished brown backgrounds, not much different than the pottery being produced today in the Casas Grandes Valley. Both ancient and modern pottery use the same color combinations and similar quartered, stepped and checkered designs.

Pictured here are four examples of ancient pueblo pottery: Acoma, Mimbres, Zuni and Casas Grandes. Note the similar design elements.

PUEBLO POTTERY

Zuni

Casas Grandes

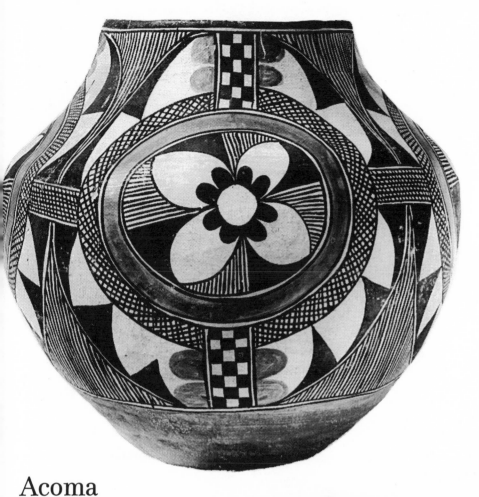

Acoma

Para la mitad del siglo siete, ya se pintaba la cerámica de Casas Grandes con diseños rojos mogollones sobre fondos morenos y ilustrados, no era muy diferente que la cerámica del valle de Casas Grandes de hoy. Ambas formas de la cerámica antigua y moderna tienen las mismas combinaciones de colores y diseños semejantes cuarteados, pisados, y ataraceados. Representado aquí son cuatro ejemplos de la cerámica antigua de los pueblos: Acoma, Mimbres, Zuni y Casas Grandes. Se puede ver los elementos semejantes del diseño.

Mimbres

Nampeyo - Courtesy of the Arizona State Museum

Nampeyo

Casas Grandes, Hohokam, Mogollon and Anasazi cultures flourished simultaneously from the time of Christ until the late 13th century, leaving behind a kind of archaeological jigsaw puzzle. With pueblo pottery as it's greatest legacy, scholars have only begun to piece together the mysteries left behind in the plundered ruins of the southwestern United States and northern Mexico.

Modern pueblo potters, with more than 1500 years of stylistic evolution behind them, create new forms and styles while drawing on traditional sources for inspiration.

A Hopi woman by the name of Nampeyo is probably the most famous of the modern pueblo potters. Born in the late 1800s, most scholars agree she is responsible for the pottery revival among her people.

Her contact with local trader Thomas Keam encouraged her to revitalize a dying Hopi art that had gone into a slump for nearly 1000 years. Gathering inspiration from prehistoric ceramic tradition, she became an inspiration to other potters who returned to making the high quality pottery that had been produced by the Hopi throughout the centuries.

Soon fine artists began to emerge from the pueblos of Santa Clara, San Ildefonso and Acoma. Maria Martinez, Lucey M. Lewis, Tony Da and Joseph Lonewolf are just a few of the potters who have gained recognition for their distinctive designs and styles.

Decades would pass before the renaissance of the Casas Grandes pottery tradition would be revealed in a small village in northern Mexico.

Hopi

Desde el tiempo de Cristo hasta el fin del siglo trece prosperaban las culturas del Hohokam, Mogollon y Anasazi, lo que nos deja algo de una rompecabezas. Con la cerámica del pueblo como el legado mayor, los sabios sólamente han empezado averigüar los misterios de las ruinas del suroeste de los Estados Unidos y del norte de México.

Con más de 1500 años de evolución estilística, los alfareros de los pueblos modernos crían formas y estilos nuevos mientras usando lugares tradicionales para inspiración.

Probablemente, una de los alfareros modernos del pueblo más famosos es una mujer Hopi llamado Nampayo. Nació en los últimos años de 1800, la mayoría de los sabios dicen que ella revivía la cerámica entre su gente.

Su contacto con el comerciante local, Thomas Keam, le animó a ella a revivificar un arte de los Hopis que faltaba hace casi 1000 años. Por obtener inspiración de la tradición de cerámica prehistórica, ella se puso una inspiración para otros alfareros los quienes volvieron hacer la cerámica de calidad buena que producían los Hopis durante los siglos.

Pronto venían artistas finos de los pueblos de Santa Clara, San Ildefonso y Acoma. María Martinez, Lucey M. Lewis, Tony Da, y Joseph Lonewolf sólamente son unos de los alfareros que han agradecido para sus diseños y estilos distintivos.

Haría decenios antes de que se presentara el renacimiento de la tradición de la cerámica de Casas Grandes en un pueblito del norte de México.

Pottery Lineage

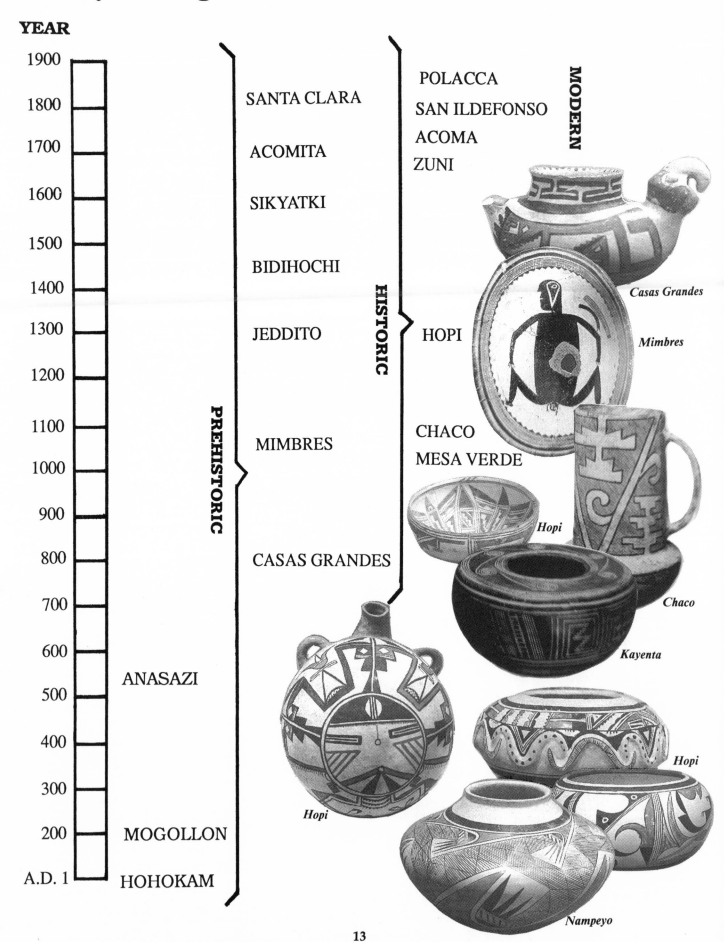

YEAR

1900	
1800	
1700	
1600	
1500	
1400	
1300	
1200	
1100	
1000	
900	
800	
700	
600	
500	
400	
300	
200	
A.D. 1	

SANTA CLARA

ACOMITA

SIKYATKI

BIDIHOCHI

JEDDITO

MIMBRES

CASAS GRANDES

ANASAZI

MOGOLLON

HOHOKAM

PREHISTORIC

HISTORIC

MODERN

POLACCA
SAN ILDEFONSO
ACOMA
ZUNI

HOPI

CHACO
MESA VERDE

Casas Grandes

Mimbres

Hopi

Chaco

Kayenta

Hopi

Hopi

Nampeyo

13

Spanish Explorers

1535-1604

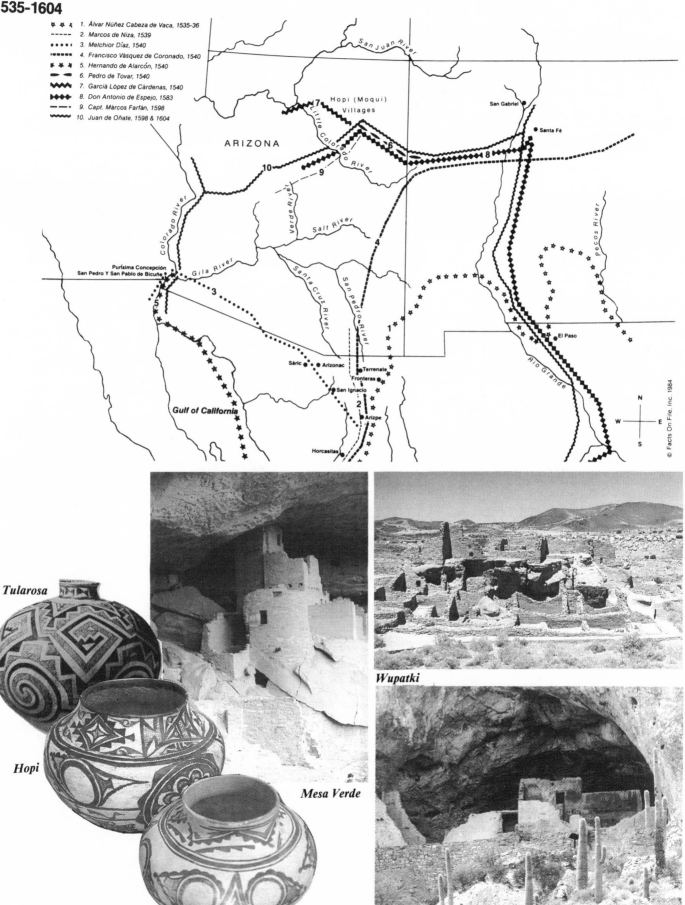

Legend:
1. Álvar Núñez Cabeza de Vaca, 1535-36
2. Marcos de Niza, 1539
3. Melchior Díaz, 1540
4. Francisco Vásquez de Coronado, 1540
5. Hernando de Alarcón, 1540
6. Pedro de Tovar, 1540
7. García López de Cárdenas, 1540
8. Don Antonio de Espejo, 1583
9. Capt. Marcos Farfán, 1598
10. Juan de Oñate, 1598 & 1604

© Facts On File, Inc. 1984

Tularosa

Hopi

Hopi

Mesa Verde

Wupatki

Tonto

14

Ancient Design

Plumed serpent

It is commonly accepted as historical fact that the source of most ancient American Indian pottery technology is the vast territory of northern Mexico. Although there were definite differences in shape and design from one Indian group to the next, firing technologies and color schemes were similar.

The first prehistoric pots were unpainted, since their only purpose was utilitarian, but as time passed simple designs were introduced: banded and triangular patterns. These designs became more and more complex, and eventually figurative paintings appeared on the vessels.

Many Casas Grandes, Hohokam, Anasazi and Mimbres painters used similar design motifs; however, figurative painting marked a departure from a common set of visual ideals. Pictured here are fanciful, figurative designs of ancient Casas Grandes and Mimbres cultures.

Prehistoric designs were often used by different Indian cultures. For example many Casas Grandes and Mimbres designs were similar. Several of them are pictured here: plumed serpent, macaw and the swimming man.

Los Diseños Antiguos

Macaw

Swimming man

Se dice que mucha de la tecnología de la cerámica antigua de los indios americanos viene del norte de México. Aunque eran diferencias definidas entre las formas y diseños de un grupo indio al otro, eran semejantes las tecnologías de pegar fuego y las esquemas de colores.

No fueron pintadas las primeras ollas prehistóricas que servían para usar, pero se introducía diseños simples con el transcurso del tiempo: patrones rayados y triangulados. Se hizo cada vez más complejos estos diseños, y con el tiempo aparecían pinturas figurativas en las ollas.

Muchos pintores de Casas Grandes, Hohokam, Anasazi, y Mimbres usaban motivas semejantes del diseño; sin embargo, la pintura figurativa cambió lo que eran ideales visuales comunes. Representado aquí son diseños figurativos extravagantes de las culturas antiguas de Casas Grandes y Mimbres.

A menudo las culturas indias diferentes usaban diseños prehistóricos. Por ejemplo, eran semejantes muchos diseños de Casas Grandes y Mimbres. Se puede ver varios de estos aquí: la serpiente con plumas, el guacamayo, y el hombre nadando.

The History

Charles C. Di Peso traced the rich history of the Casas Grandes Valley in his book *CASAS GRANDES: A Fallen Trading Center of the Gran Chichimeca.*

Reading this three-volume work about the archaeological excavation of the Paquime Ruins of northern Chihuahua in the late 1950s, we are transported back in time some two-thousand years to the age of the preceramic wanderers.

An ancient odyssey unfolds. As we journey through the centuries, we learn that northern Mexico and the southwestern United States have always been culturally interconnected. This vast trading area was called the Gran Chichimeca, a land of opportunity where the merchants of the day exchanged a variety of commodities.

The story of Casas Grandes pottery actually began around the 11th century when Mesoamerican entrepreneurs looked to the lush river valleys of the Gran Chichimeca to expand their marketing operations. These trading families were especially attracted to the Casas Grandes Valley for its rich mineral deposits of fine turquoise - the gemstone of the gods - and its strategic location. Other attractive areas included Snaketown, Arizona; Altar, Sonora; Zape, Durango; and Chaco, in New Mexico.

Traveling merchants wandered thousands of miles through this rugged territory in search of their fortunes. They traded everything from copper and abalone shell jewlery to the ornamental plumage of exotic, tropical birds.

The building of Paquime City marked the beginning of a material culture, and the enormous amount of ceramics unearthed at the site is evidence of large-scale commerce in which pottery was one of the most important items of trade. Today pottery is as important to the economy as it was in ancient times.

La Historia

En su serie de tres volumenes llamado **Casas Grandes: Un centro disfamado de comerciar de la Gran Chichimeca,** Charles C. Di Peso ha investigado la historia rica del valle de Casas Grandes. En su discripción de la excavación arqueológica de las ruinas de Paquimé del norte de Chihuahua en los últimos años de 1950, describe el tiempo de los vagabundos preceramicos de hace dos mil años. Desplega una odisea antigua. Aprendimos que la región vasta entre el norte de México y el suroeste de los Estados Unidos siempre ha sido interconectado culturalmente. Esta región se llamó la Gran Chichimeca, una tierra de oportunidad donde los mercantes del día comercían una variedad de mercancías.

El cuento de la cerámica de Casas Grandes empezó acerca del siglo 11 cuando empresarios mesoamericanos quierían aumentar sus mercados sobre los valles ricos del río de la Gran Chichimeca. Estas familias de comerciantes tenían interés en el valle de Casas Grandes por los minerales ricos, los depósitos de turquesa fina–la piedra preciosa de los dioses–y por su lugar estratégico. Otros lugares atractivos incluyeron Snaketown, Arizona; Altar, Sonora; Zape, Durango; y Chaco, New México.

Los comericantes viajantes erraban millones de millas a través de este territorio rugoso para buscar sus fortunas. Comercían todo incluyendo el cobre y conchas de oreja marina así como las plumas ornamentales de pájaros tropicales exóticos.

El construir de la cuidad de Paquimé señaló el principio de una cultura material, y la gran cantidad de cerámicas que fueron desenterradas en el sitio da evidencia del comercio en gran escala en el cual la cerámica era una de las cosas más importantes de comerciar. Hoy día la cerámica es tan importante para la economía como era en el tiempo antiguo.

The Place of Origin

El Sitio de Origen

Casas Grandes pottery was widely exported in the 11th century. A tremendous amount of ceramics were produced during this period, and some of the pieces have been unearthed in such faraway places as Mesa Verde, Colorado; Mexico City; the Sonoran coast; and Webb Island, Texas. Most of the pottery was of polychrome design.

During this period a multistoried city was built of cast mud and caliche. Most of the doors to the buildings were designed with T-shaped openings, a protective measure that put uninvited visitors at a definite disadvantage. Enemies entering a home in a bent position were easily slayed with a club.

The ancient people left treasures behind them. Vast quantities of artifacts have been recovered from the ruins of Paquime City, including *ollas* (pots), tools, jewelry and religious objects. The *Diablo* (Devil) era followed the Paquime era. It was a period of indulgence and decadence that ended in 1340 A.D. with the destruction of the city by fire.

Se exportaba hasta muy lejos la cerámica de Casas Grandes durante el siglo once. Se producía mucha cerámica en ese tiempo, y se encontraba unas de las obras en lugares tan lejos como Mesa Verde, Colorado; El Distrito Federal de México; la costa de Sonora; y la Isla Webb, Texas. La mayoridad de la cerámica era de un diseño policromado.

Se construyó una ciudad de muchos niveles de lodo y caliche en este tiempo. La mayoridad de las puertas de los edificios tuvieron entradas de la forma de la letra "T," una medida para protección contra los visitantes desconvidados. Se podía matarles a los enemigos que entraban así.

La gente antigua dejaron tesoros. Se ha encontrado muchos artefactos de las ruinas de la ciudad de Paquimé, incluyendo ollas, herramientas, joyería, y objetos religiosos. La era del diablo siguió la era de Paquimé. Era un tiempo de gusto y decadencia que terminó en 1340 A.D. cuando se quemó la cuidad.

Mesa Verde

Zuni

Hopi

Casas Grandes
Paquime City

Gran Chichimeca

Gulf of Mexico

"Paquime" - translated from Nahuatl language means "Big Houses."

Pacific Ocean

Pottery Export Range

Mexico City

Source: Di Peso, Charles C. Casas Grandes: A Fallen Trading Center of the Gran Chichimeca. Flagstaff, Arizona: Northland Press, 1974.

18

Paquime City

The prehistoric city of Paquime, located in the Casas Grandes Valley of northern Chihuahua, was once a vast 200-acre metropolis bustling with activity. From the 11th to the 13th centuries, it was an important trading center, and the pottery that was produced there was traded in an area that extended from the latitude of San Francisco and Kansas City to the Tropic of Cancer. It was a sophisticated city with a sewer system that brought water from a nearby hot spring. The city was destroyed in the 14th century, and the Indians who survived moved to the mountains to live in cliff dwellings that could be more readily defended. The pottery tradition completely died out in early Spanish times.

La Ciudad de Paquimé

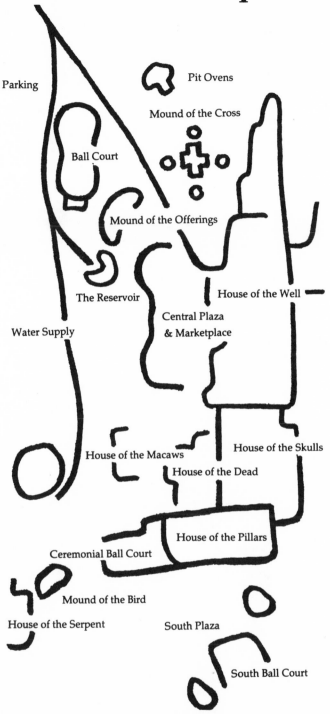

Parking

Pit Ovens

Mound of the Cross

Ball Court

Mound of the Offerings

The Reservoir

House of the Well

Water Supply

Central Plaza
& Marketplace

House of the Macaws

House of the Skulls

House of the Dead

House of the Pillars

Ceremonial Ball Court

Mound of the Bird

House of the Serpent

South Plaza

South Ball Court

    La cuidad prehistórica de Paquimé, la que está en el valle de Casas Grandes del norte de Chihuahua, era una vez un gran metrópoli, lleno de actividad. Entre los siglos 11 y 13, era un centro importante de comerciar, y se producía cerámica allá que se comercía entre el área desde la latitud de San Francisco y Kansas City hasta el trópico de Cáncer. Era una ciudad muy refinada con un sistema de albañales que llevaba el agua calorosa de un manantial caliente cercano. Se destruyó la ciudad en el siglo 14, y los indios que sobrevivieron se movieron a las montañas para vivir en domicilios de los peñascos en que pudieran defenderse más prontamente. Se murió la tradición de la cerámica en el tiempo temprano de los españoles.

Ancient Design

Hopi 1800s

The rebirth of the Hopi pottery tradition began at Second Mesa (Arizona).

Antiquities filled the Hubbell Trading Post at the turn-of-the-century (Arizona).

Courtesy of the Arizona State Museum

Los Diseños Antiguos

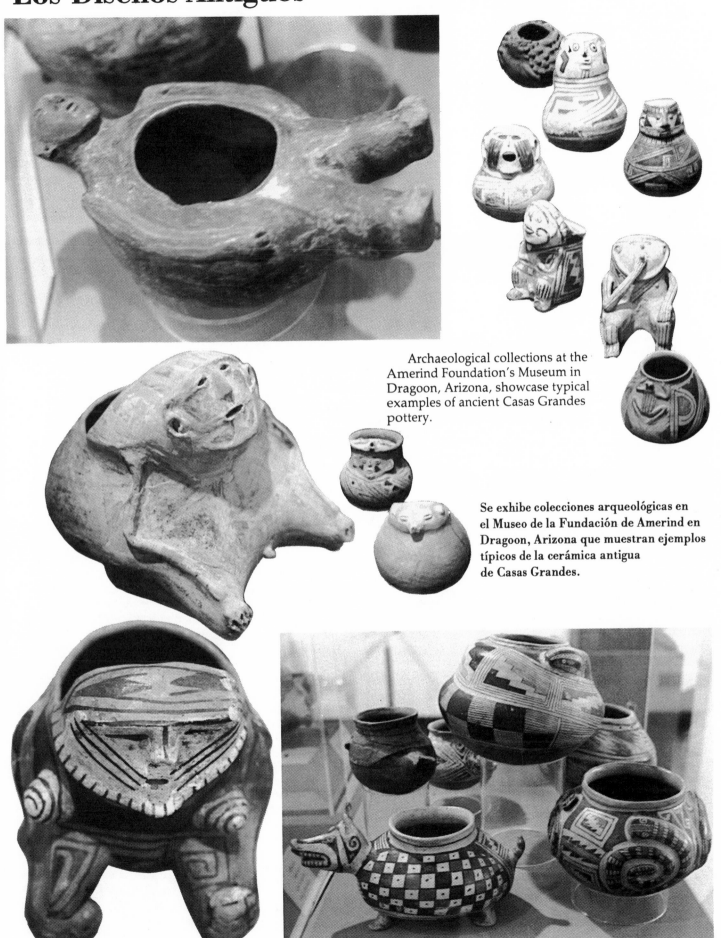

Archaeological collections at the Amerind Foundation's Museum in Dragoon, Arizona, showcase typical examples of ancient Casas Grandes pottery.

Se exhibe colecciones arqueológicas en el Museo de la Fundación de Amerind en Dragoon, Arizona que muestran ejemplos típicos de la cerámica antigua de Casas Grandes.

An Ancient Craft Rediscovered

Juan Quezada

In a remote village in the state of Chihuahua, Mexico, a group of artisans make some of the finest pottery in the world. In the southwestern United States it is commonly called Casas Grandes pottery, and the works of the Quezada and Ortiz families are sought after by many serious collectors.

The Quezada family is the most well known, but Juan Quezada alone has achieved world-wide recognition and has pottery displayed in the Los Angeles Museum of Art and the Smithsonian Institute as well as many other international museums. Among his people he is known as the "maestro" - the master craftsman and teacher. Beyond his dusty village , he is acknowledged to be one of the best Mexican potters of his time.

Some of Juan's pots sell for thousands of dollars. Perhaps it's because he has been practicing his art for over forty years. Or perhaps it's because he has continued to produce pots in the traditional way, the way the ancient Indians in the area did seven centuries earlier, the way the pueblo Indians of the desert Southwest once produced pots before traders persuaded them to use commercial paints and electric kilns.

Before Juan can make a pot, he rides his horse into the mountains in search of good clay; he digs it and packs it out in gunny sacks. He buys nothing; everything comes from the earth. He even paints with brushes made with the hair of his children.

After he arrives home, he takes the dry clay, mixes it with water in an old garbage can, strains it and pours it into special gypsum troughs. When the clay has set, it is kneaded and wedged until all the air bubbles have been removed.

The potter knows by feel when the clay has reached the proper consistency. He has prepared it a thousand times. He knows exactly when it's ready to work. Then the coiling, pinching and smoothing begin. After the pot has dried, intricate fine-lined designs are painted on its surface. Afterwards, it is burnished with a polishing stone and oil. As many as forty hours of work go into the production of one pot.

Guadalupe Quezada kneads the clay

Juan started learning his craft as a young boy. He used to explore the mountains and the valleys of the Casas Grandes region. On his lone treks he found curious prehistoric artifacts: cooking pots, water jugs, bowls, mugs and wedding vases (a double spouted vessel which is used in wedding ceremonies, the bride drinking out of one side and the groom from the other). Juan repaired some of these pieces with clay he found along the river. Later, he tried to imitate it.

In traditional Mexican society pottery making has always been woman's work, since pottery is used for cooking and cooking is considered woman's work. It has always been this way in Mexico. But Juan was an artist, a true artist who felt free to pursue his own interests. He started making his own pots, copying the pots he found. Soon he was teaching others in the village to mold clay, and the next forty years he spent perfecting his techniques.

Today his pottery and the pottery of the other families in the area has evolved into an artform. One of the differences in the new pottery is the absence of an equator line. The old pots were actually cooking vessels, so there was no need in having a design near the bottom, since it would ultimately be scorched by fire. Now, these highly stylized pieces are used solely for decorative purposes, bearing only a slight resemblance to the pottery of their ancestors. The pots come in a variety of shapes, sizes and colors: black-on-black, black-on-red and polychrome. Still turned by hand, without the use of a potter's wheel, the pots are perfectly symmetrical when completed. The pottery is still fired individually on an open fire fueled by cattle dung. The result is a beautiful, thin-walled vessel, possessing subtle shadings produced by natural pigments in an outdoor fire.

While these pots were inspired by the ancient Indians, today their designs are quite contemporary. The method of production, however, is still as old as the mountains. And while the traders have come with their ideas and commercial supplies, the potters of the Casas Grandes Valley still create their art the traditional way.

Juan Quezada working at his kitchen table.

El Redescubrir de un Arte Antiguo

Un grupo de artesanos hacen alguna de la cerámica más fina del mundo en un pueblo remoto del estado de Chihuahua, México. En el suroeste de los Estados Unidos, usualmente se llama la cerámica de Casas Grandes, y muchos coleccionistas serios buscan la cerámica hecho por las familias Ortiz y Quezada.

La familia Quezada es la más famosa, pero, Juan Quezada solo ha alcanzado el reconocimiento de todo el mundo y se despliega sus obras en el Museo de Arte de Los Angeles y en el Instituto Smithsonian así como muchos otros museos internacionales. Entre su gente, se llama "el maestro"—el artista y maestro experto. Más allá de su pueblo polvoriento, se lo sabe ser uno de los alfareros mexicanos mejores de su tiempo.

Se vende unas de las ollas de Juan a los miles de dólares. Quizás esto es porque hace más que cuarenta años que practica su arte. O, quizás es porque sigue a producir las ollas por la manera tradicional, como lo hacían los indios antiguos de la región hace siete siglos, como lo producían las ollas los indios de los pueblos del suroeste del desierto antes de que los comerciantes les persuadieron usar pinturas comerciales y hornos eléctricos.

Antes de que Juan pueda hacer una olla, monta su caballo hasta las montañas para buscar barro bueno; lo desenterra y lo recoge en sacos de yute. No compra nada; todo viene de la tierra. Aún pinta con cepillos hecho con el cabello de sus hijos.

Después de llegar a su casa, toma el barro seco, lo mezcla con agua en un viejo basurero, lo filtra y lo echa en artesas especiales de yeso. Cuando fragua el barro, se lo amasa y se lo aprieta hasta que se saque todas las burbujas de aire.

Por tentarlo el alfarero sabe cuando esté listo el barro. Lo ha hecho un millón de veces. Sabe exactamente cuando sea la hora de empezar el trabajo. Ahí mismo empieza el arrollar, el apretar, y el alisar. Después de que haya secado la olla, se pinta diseños intrincados con líneas finas en la superficie. Después, se la consigue suave con una piedra y aceite. Toma casi cuarenta horas para producir una olla.

Juan empezó aprendiendo su arte cuando era niño. Exploraba las montañas y los valles de la región de Casas Grandes. En sus viajes solos, encontró artefactos prehistóricos y curiosos: ollas para cocinar, jarras par agua, escudillas, picheles, y jarrones para bodas (una vasija con dos picos la que se usa para las bodas, la desposada bebía de un lado, y el desposado del otro). Juan arregló unas de las cosas con barro del río. Más tarde, trató de imitar el arte.

En la sociedad tradicional de México, las mujeres siempre la hacían la cerámica, por la razón que se usa la cerámica para cocinar, y siempre se considera el cocinar el trabajo de mujeres. Ya ha sido así en el México. Pero Juan era artista, un artista verdadero quien quería perseguir sus intereses. Empezó sus propias ollas por copiar las ollas que encontró. Pronto les enseñaba a los otros del pueblo como formar el barro, y pasaba los próximos cuarenta años perfeccionando sus técnicas.

Hoy su cerámica y la cerámica de otras familias de la región se han puesto un arte. Unas de las diferencias de la cerámica nueva es que falta una línea del ecuador. En realidad, se usaba las ollas antiguas para cocinar, así no fue necesario un diseño al fondo que estaría quemado últimamente. Ahora se usa estas obras estilísticas para decoración, sólamente pareciéndose a sus antiguas un poco. Se puede encontrar las ollas en una variedad de formas, tamaños y colores: negro-sobre-negro, negro y rojo, y policromadas. Todavía hecho de mano, sin usar un torno de alfarero, las ollas son casi perfectamente simétricas cuando las terminan. Se las pega fuego a las ollas individualmente en un fuego al aire libre con estiércol como el combustible. El resultado es una vasija hermosa con lados finos, y tiene colores sútiles producido por tintas naturales en un fuego al aire libre.

Aunque la inspiración para estas ollas fue los indios antiguos, hoy día sus diseños son muy contemporáneos. La manera de producirlas, sin embargo, todavía queda tan antigua como las montañas. Y mientras han venido los comerciantes con sus ideas y suministros comerciales, todavía hacen su arte por la manera tradicional los alfareros de Casas Grandes.

The Village

The Village

We see the pueblo of Mata Ortiz far below. Once a lumber and railroad town at the turn-of-the-century, the mountains surrounding the village are now mostly barren and overgrazed.

The dust blows hard and heavy on the borderline, and the time-knawed village in the distance reminds us of those who have traveled before us: archaeologist Charles C. Di Peso, who came in the late 1950s in search of the riddles of the ruins, and anthropologist Spencer MacCallum, who arrived in the mid-1970s in search of a young, unknown artist. We wonder if they experienced the same sense of excitement and mystery we are feeling as we drive through this remote region.

We are following a trade route that dates back some seven centuries and interweaves ancient Hohokam, Mimbres, Anasazi and Hopi cultures. Scholars call this ancient trading area the Gran Chichimeca. For hundreds of years the only form of transportation here has been bare feet on dusty paths.

We imagine being a merchant during these ancient times; trading colorful macaw feathers for black obsidian arrow heads or swapping shell bracelets for cooking pottery. We suspect it would be similar to being a modern-day traveling saleman, except traffic would be less hectic and definitely harder on the feet.

We envision a Paquime Indian carefully filling his deerskin backpack with about sixty pounds of macaw feathers. Archaeological evidence indicates parrots were bred at Paquime City for their bright plumage, which was considered a valuable trade item.

The Indian hoists the heavy bundle onto his back, and his calloused feet take him on a six-hundred-mile round-trip from Casas Grandes, Mexico, to an area near present-day Santa Fe, New Mexico. This is where his customers, the Anasazi, live and build cities in the cliffs of steep canyons and use macaw feathers in religious ceremonies. In fact, some experts believe the Paquime Indians very well could have introduced pottery to the Anasazi culture back around 800 A.D.

We even wonder if Francisco Coronado and his Spanish conquistadores might have passed this way in their search for the Seven Cities of Gold. According to archaeological records they would have ridden their horses through this territory during the early 1500s. There is evidence of their ravage and plunder in the Anasazi villages that flourished farther north, but most likely what the conquistadores found at Casas Grandes was an enormous ghost town inhabited, perhaps, by a few scorpions. The city was destroyed by a fire some hundred years before the arrival of the Spaniards, and the Indians abandoned most of what they had built, leaving behind only a shadow of its former glory; just another enigma to tantilize archaeologists.

Although the Spaniards may have been partly responsible for the death and destruction of some of these ancient Indian civilizations; drought, disease, fire, impossible living conditions and economic depression were the predominate reasons for these prehistoric cultures slipping into obscurity.

The washboard ride eventually rattles us back to reality as we head down the rugged, rock-strewn road eager to see what treasures we might find in the shadow of the sleeping Indian maiden.

El Pueblo

The tiny village of Mata Ortiz has an ambiance of antiquity about it. The crumbling buildings look as *though they were built about the same time as the ancient city of Paquime.*

En la región nortecentral de México, hay un estado llamado
Chihuahua, y dentro de este estado hay un trecho de pradera
alta llamado el valle de Casas Grandes. En este valle, hay más
que una docena de artesanos que producen cerámica de una
calidad tan buena que es considerada por muchos museos y
coleccionistas privados ser mejor que las obras mejores de los
indios del suroeste de los Estados Unidos.

El Pueblo

Podemos ver el pueblo de Mata Ortiz más abajo. Una vez era un pueblo con una maderería y entre cual pasaban los ferrocarriles acerca del cambio del siglo, ahora las montañas cercanas son áridas y pacidas.

Hace mucho polvo en la frontera, y el pueblo antiguo a lo lejos nos recuerda de los que han viajado aquí antes: el arqueologista, Charles C. Di Peso, el quien vino en los años tardes de 1950 para buscar los enigmas de las ruinas, y el antropologista, Spencer MacCallum, el quien llegó en los años medianos de 1970 para buscar un artista joven y desconocido. Tenemos curiosidad por saber si se sintieran igual como nosotros al conducir por esta región remota.

Seguimos una ruta de comercio que nació hace siete siglos y enlaza las culturas antiguas del Hohokam, Mimbres, Anasazi, y Hopi. Los sabios la llaman esta región antigua de comerciar la Gran Chichimeca.

Hace centenares de años que el único método de transporte era de andar descalzo por sendas polvorientas.

Nos imaginamos que fuéramos mercantes en ese tiempo antiguo; comerciando las plumas coloridas de los guacamayos por las puntas de flecha de la obsidiana negra o cambiando las pulseras de conchas por la cerámica de cocinar. Suponemos que fuera semejante a la vida de un agente viajero de hoy, sin el tránsito hético y peor para los pies.

Nos imaginamos un indio de Paquimé llenando su lío de gamuza con cuidado con acerca de sesenta libras de plumas de los guacamayos. Hay evidencia arqueológica que indica que se procreaba los papagayos en la ciudad de Paquimé para su plumaje vivo, el cual se consideraba ser una cosa preciosa de comerciar.

El indio guinda el lío pesado por encima de su espalda, y camina con

pies callosados en un viaje de ida y vuelta de seiscientas millas desde Casas Grandes, México hasta una región cerca de la que ahora es Santa Fe, New México. Esta es donde viven sus parroquianos, el Anasazi y donde construyen ciudades en los peñascos de cañones escarpados y usan las plumas de guacamayos en sus ceremonias religiosas. En efecto, algunos expertos creen que los indios de Paquimé introducieran la cerámica a la cultura Anasazi alrededor de 800 A.D.

Aún tenemos curiosidad por saber si Francisco Coronado y sus conquistadores españoles viajaran por aquí para buscar las siete ciudades de oro. Según la historia arqueológica hubieran montado a caballo por medio de este territorio durante los años primeros de 1500. Hay evidencia de su destrucción y pillaje en los pueblos del Anasazi que prosperaban más lejos al norte, pero es regular que lo que

encontraron los conquistadores en Casas Grandes era un gran pueblo desertado con la excepción, quizás, de unos escorpiones. Casi ciento años antes de que llegaran los españoles, la ciudad fue destruída por fuego, y los indios abandonaron la mayoría de lo que habían construído, dejando poquito, otro enigma para atormentar con falsas promesas a los arqueologistas.

Aunque la destrucción de unas de estas civilizaciones antiguas de los indios pudiera haber sido la culpa en parte de los españoles; la sequedad, la enfermedad, el fuego, las condiciones imposibles de vivir y la crisis económica eran las razones predominantes que desaparecieron estas culturas prehistóricas.

Finalmente, el paseo rugoso nos hace recordar la realidad de estar muy deseosos por saber lo que podamos encontrar en la sombra de la doncella india que duerme.

master potter
JUAN QUEZADA

COWBOY   TEACHER   ARTIST

Credited with the modern revival of Casas Grandes ceramics, Juan Quezada pursues the vocation of his ancestors. Dark and handsome, his Indian heritage can be seen in his strong features.

Twenty years ago he worked in the chili fields and fruit orchards surrounding his village. For a brief time he worked on the railroad, but he quit to explore his own interests. Now he makes pottery for international collectors who eagerly await his creations.

Juan Quezada, a quien atribuyen el renacimiento moderno de la cerámica de Casas Grandes, persigue la vocación de sus antepasados. Moreno y guapo, se puede ver su herencia india en sus semblantes fuertes.

Hace veinte años que trabajaba en los campos de chilis y huertos de fruta que circundan su pueblo. Por un rato, trabajaba en el ferrocarril, pero lo dejó para perseguir sus intereses. Ahora hace cerámica para coleccionistas internacionales los quienes esperan muy deseosamentes para sus creaciones.

34

The Discovery of Juan Quezada

Editor's note: More than a decade after he was discovered, master potter Juan Quezada continues to innovate, create and teach others his techniques of hand-building dung fired vessels. This is the story of how he was discovered as told by Walter P. Parks.

It was just over ten years ago that anthropologist Spencer MacCallum happened into a junk store in Deming, New Mexico and found three of Juan's pots. This discovery was to change both of their lives, as well as the lives of Juan's family and neighbors.

The story has been told many times... how Spencer bought the pots, photographed them, and began a search for their maker. He found Juan in northern Chihuahua, Mexico, in the village of Mata Ortiz, stretched between the *Chihuahua al Pacifico* railroad and the Palanganas River.

Juan was in his mid-thirties at the time. For more than twenty years he had experimented with local clays, mineral paints and firing techniques. His inspiration was the sherds and remnants of the Casas Grandes Indian culture that had once thrived in the vicinity of Mata Ortiz. The problem was that the culture had become extinct more than 600 years earlier. No one in Mata Ortiz made pottery, and Juan had no teachers except the beautiful sherds he found everywhere. The fact that these sherds existed told Juan that the materials must be at hand, if he could only find them and learn the secrets of their use. By trial and error he solved these mysteries, and by the time Spencer arrived in 1976, he was producing extraordinary hand-built pieces.

Spencer realized he had stumbled upon an unusual artistic phenomenon. Here was a new master whom others would follow for generations. Spencer made a commitment to Juan and he worked with him for eight years, providing financing, marketing, and most of all inspired encouragement. It is hard to appreciate what happened and continues to happen in the village. Mata Ortiz was, and still is, poor. But poverty is relative. In 1976 there was no electricity or running water and except for the railroad, transportation was mostly horse-drawn. Once a lumber mill and railroad repair center, the village had lost both of these industries and now relied on agriculture and open-range cattle for its economic base. There was no such thing as an art form or craft for sale to others. Juan's innovations gave rise to a new occupation for the villagers. He taught potting skills to his brothers and sisters who in turn taught others. Spencer MacCallum provided the encouragement and the initial market. By 1980, pottery was the major source of income for seven families. Today at least 40 families support themselves from their pottery.

In 1983 Spencer was unable to continue his work with Juan and the others. He kept in touch as he was able, but his newsletters and writings stopped. However, by this time Juan and, to a lesser degree, his sister Lydia and brothers Nicolas and Reynaldo were established in the art world. There had been shows, workshops, and formal museum exhibitions throughout the United States, culminating in the five gallery ''Juan Quezada and the New Tradition'' exhibit in 1979-80 which was partly funded by the prestigious National Endowment for the Arts.

El Descubrimiento de Juan Quezada

Solamente hace poco más de diez años que el antropologista Spencer MacCallum entró en una tienda de trastos viejos en Deming, New México y encontró tres de las ollas de Juan. Este descubrimiento iba a cambiar ambas vidas, así como las vidas de la familia de Juan y sus vecinos.

En ese tiempo, Juan era en los mediados de los años de treinta. Para más que veinte años había experimentado con barros locales, pinturas de minerales, y técnicas de pegar fuego. Fue inspirado por los tepalcates y vestigios de la cultura india de Casas Grandes la que una vez prosperaba cerca de Mata Ortiz. El problema fue que hace más que seiscientos años que se había muerto la cultura. No había nadie en Mata Ortiz que hacía cerámica, y Juan no tenía ningún maestro con la excepción de los tepalcates hermosos que podían encontrar por todas partes. Lo sabía que si existían estos tepalcates, debía de ser los materiales, si solamente podía encontrarlos y aprender los secretos de usarlos. Por un procedimiento experimental, resolvió los misterios, y cuando llegó Spencer en 1976, producía obras extraordinarias de mano.

Spencer se dio cuenta de que había encontrado un fenónemo artístico inusual. Aquí había un maestro nuevo a quien seguirían los otros para generaciones. Spencer se dedicó a Juan y trabajó con él para ocho años, suministrando la financiación, la mercología, y por la mayor parte, lo inspiró. Es difícil apreciar lo que pasaba y sigue pasar en el pueblo. Mata Ortiz era, y todavía es, pobre. Pero es relativo la pobreza. En 1976 no había electricidad ni agua corriente y con la excepción del ferrocarril, el transporte era por caballo. Aunque era una vez un molino de madera y centro para reparar ferrocarriles, se fueron estas dos industrias del pueblo y ahora era una economía agrícola. No existía arte para vender. Las innovaciones de Juan provinieron una ocupación nueva para la gente del pueblo. Les enseñó las destrezas de fabricar cerámica a sus hermanos los quienes les enseñaron a otros. Spencer MacCallum les inspiraba y provenía el mercado. Para 1980, la cerámica era la fuente principal de ingresos para siete familias. Hoy hay a lo menos cuarenta familias que se mantienen con el fabricar de la cerámica.

En 1983 Spencer no podía continuar con Juan y los otros. Se comunicaban como podían, pero dejó de escribir. Sin embargo, Juan y, en una parte menor, su hermana Lydia y hermanos Nicolás y Reynaldo se habían establecido en el mundo de arte. Habían exhibiciones, obradores, y exhibiciones formales de los museos en todas partes de los Estados Unidos, terminando con la exhibición en 1979-80 de cinco galerías llamado, "Juan Quezada y la Nueva Tradición," la que fue parcialmente apoyado económicamente por el prestigioso Dote Nacional para el Arte.

The New Tradition

Regarded as one of the outstanding potters in the world, Juan Quezada has never had a pottery making lesson and had not seen another potter at work until he was discovered in 1976. Now the man who had never driven a car, flown in an airplane or used a telephone drives his own pickup and has flown throughout the United States for appearances with his works.

His first major exhibition was held in 1977 at the Arizona State Museum in Tucson and was followed by the remarkable 1979-80 five-gallery tour, "Juan Quezada and the New Tradition." Since that time this master craftsman has conducted workshops at USC's Idyllwild campus in the San Jancinto Mountains where he has kept company with some of the Southwest's most distinguished Indian artists, artists such as Blue Corn, Lucey Lewis and Michael Kabotie.

Professional potters from around the world have understudied this most unusual man who quit school in the third grade. He is a gifted teacher, although he does not speak English and usually communicates through an interpreter. Yet scholars have compared him to Nampeyo, the 19th-Century Indian credited with the modern revival of Hopi ceramics, and Maria, the legendary San Ildefonso pueblo potter.

La Nueva Tradición

Considerado uno de los alfareros sobresalientes del mundo, Juan Quezada nunca había tenido una lección sobre el fabricar de la cerámica ni le había visto trabajar otro alfarero hasta que fue descubierto en 1976. Hoy día el hombre que nunca había conducido un coche, volado por avión ni llamado por teléfono conduce su propia camioneta y ha volado por avión por todas partes de los Estados Unidos para presentarse con su arte.

Su primer exhibición importante tuvo lugar en 1977 en el Museo del Estado de Arizona en Tucson y luego fue la jira notable de cinco galerías en 1979-80, llamado, "Juan Quezada y la Nueva Tradición." Desde ese tiempo este maestro del arte ha conducido conferencias en el recinto Idyllwild de USC en las montañas de San Jacinto en donde era compañero con unos de los artistas más distinguidos del suroeste, artistas los que Blue Corn, Lucey Luis, Michael Kabotie.

Este hombre más inusual que dejó de la escuela en el tercer grado ha sido sobresalido por alfareros profesionales de todas partes del mundo. Aunque no habla inglés y, por lo usual, comunica por un intérprete, es apariente a todos quienes le conocen que él es maestro muy inteligente. Todavía los sabios le han comparado a Nampeyo, el indio del siglo 19 a quien se le atribuye con el renacimiento moderno de las cerámicas de los Hopi, y a María, la alfarera legendaria del pueblo San Ildefonso.

Photo courtesy of Juan Quezada

Esta foto cortesía de Juan Quezada.

The Art of Juan Quezada

Elements of design

Juan Quezada uses four main design principles in painting his pottery: reversals, repetition, outlining and maze construction. Although he derives these elements from ancient Indian pottery he finds near his village, he doesn't copy the designs. His designs are his own, and no two pots are ever the same.

Photos courtesy of Walter P. Parks

El Arte de Juan Quezada

Los Elementos del Diseño

Juan Quezada usa cuatro principios mayores del diseño para pintar su cerámica: las inversiones, las repeticiones, el contornar, y el construir de laberintos. Aunque deriva estos elementos de la cerámica antigua de los indios que encuentra cerca de su pueblo, no copia los diseños. Tiene sus propios ideas, y nunca hay dos ollas iguales.

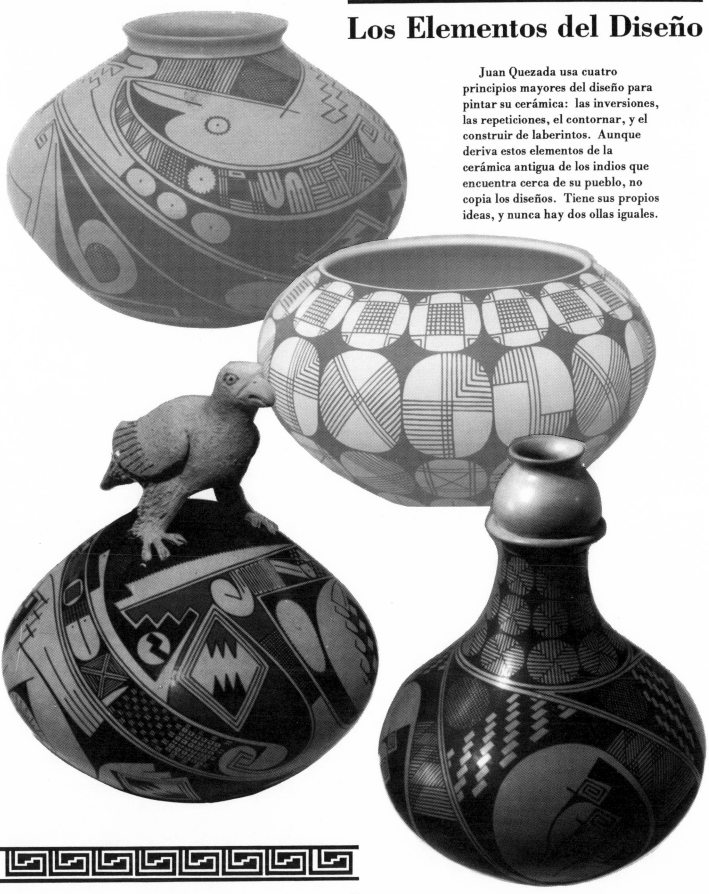

The Teacher

Photo courtesy of Juan Quezada

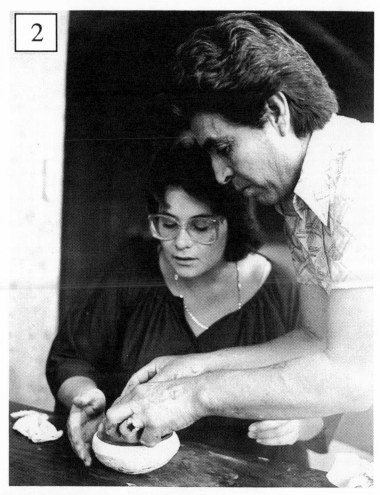

(Photos 1 & 2) Juan's patience as an artist carries over to his teaching. *(Photo 3)* A gathering of artists and students at a class held high in the mountains above Mata Ortiz: *(left to right)* Juan's wife, Guilleamina Olivas Quezada; Juan Quezada; Emma Lewis; Lucey Lewis, renowned Native American potter; Taurina Baca; Reynaldo Quezada and Dolores Lewis. *(Photo 4)* Some of the world's most accomplished ceramic artists conduct workshops at the Idylwild School of Fine Arts in California. Pictured here is the class of 1986 in which Juan was the featured artist. *(Photo 5)* One of Juan Quezada's pots.

4

Esta foto cortesía de Juan Quezada.

5

(Fotos 1 y 2) Juan lleva su paciencia de ser artista a su enseñanza. (Foto 3) Un grupo de artistas y estudiantes en una clase en las montañas arriba de Mata Ortiz: (izquierda a derecha) La esposa de Juan, Guilleamina Olivas Quezada; Juan Quezada; Emma Lewis; Lucey Lewis, la alfarera renombrada nativo-americana; Taurina Baca; Reynaldo Quezada y Dolores Lewis. (Foto 4) Algunos de los artistas de la cerámica más realizados del mundo conducen conferencias en la escuela Idyllwild del Arte Fino de la California. Representado aquí es la clase de 1986 en la cual Juan era el artista principal. (Foto 5) Una de las ollas De Juan Quezada.

The Quezada Family

Near the center of the village, the Quezada family lives in a modest hacienda of adobe brick and rough-hewn timber.

Entering the old house, which was built around the turn-of-the-century, one steps into a world not far removed from the eighteenth century, a world of wood-burning stoves and fresh deer meat on the table.

Although some of Mata Ortiz's most successful potters can now afford pickup trucks and TV sets, they still retain their village lifestyle.

La Familia Quezada

Cerca del centro del pueblo, la familia Quezada vive en una hacienda modesta de adobe y madera tosca.

Al entrar en la casa vieja, la que fue construída acerca del cambio del siglo, se pasa hacia un mundo no muy diferente del siglo diecisiete, un mundo de estufas que queman madera y con carne fresca de venados encima de la mesa. Aunque algunos de los alfareros más prósperos de Mata Ortiz puedan camprar camionetas y televisiones, la familia Quezada todavía mantiene la vida del pueblo.

Noe Quezada

Juan's son Noe (below) and his brother Nicholas (previous page) are two of the most respected artists in the village. Their museum quality pieces are sold for high prices to fanciers of fine ceramics around the world.

(Top right) One of Juan's pots pictured with the works of famous Native American artists. (Bottom right) One of Noe's effigy pots.

El hijo de Juan, Noe (debajo) y su hermano Nicolás (de la página anterior) son dos de los artistas más respetados del pueblo. Sus obras son de la calidad que venden los museos a gran precios a los admiradores de la cerámica fina por todo el mundo.

(arriba a la derecha) Una de las ollas de Juan representado con las obras de artistas famosos nativo-americanos. (debajo a la derecha) Una de las ollas de efigie de Noe.

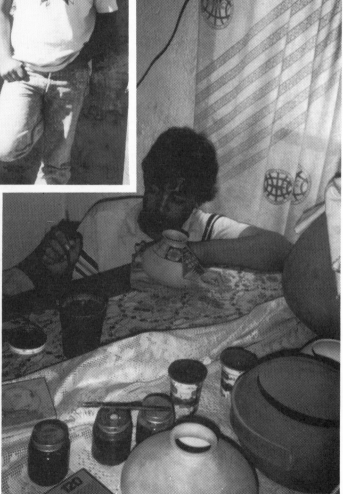

The Clay

Juan Quezada shows us bags of dry clay that he brought down from the mountains. Each bag contains a different color: red, grey, orange and pure white; each comes from a particular region of the valley and is transported on horseback in big, burlap gunnysacks. He explains that the orange clay is found near the village of Namiquipa, while the source of prized white clay is the mountains high above Mata Ortiz.

The clay is filtered in a trash can filled with water.

Dry clay is transported in gunnysacks.

After digging the clay, he dries it in the sun. Next it is ground on a stone metate and mixed with grit or temper, then it is sifted and winnowed, mixed with water and strained. This process is repeated until the clay is fine as silt.

When the clay has settled for a couple of days, Juan pours it into special gypsum troughs where it is cured for two or three weeks. The next step is to work the clay, kneading and wedging it until it has reached the proper consistency.

El Barro

Grinding clay on a stone metate.

Juan Quezada nos enseña sacos de barro seco que llevó de las montañas. Cada saco contiene barro de un color diferente: rojo, gris, anaranjado y blanco puro; cada uno viene de una región particular del valle y los lleva montado a caballo en gran sacos de yute. Nos explica que el barro anaranjado viene de cerca del pueblo de Namiquipa, mientras el barro blanco precioso viene de las montañas muy altas de Mata Ortiz.

Después de cavar el barro, lo deja secar en el sol. Luego lo amuela en un matate de piedra, lo entresaca y lo avienta, lo mezcla con agua y lo filtra. Repite este proceso hasta que el barro sea tan fino como el cieno.

Después de unos días de fijar, Juan vacía el barro en artesas especiales de yeso en donde lo cura para dos o tres semanas. La próxima medida será formar el barro, amasarlo y apretarlo hasta que sea la consistencia correcta.

The clay is cured in large slabs

The Potting Process

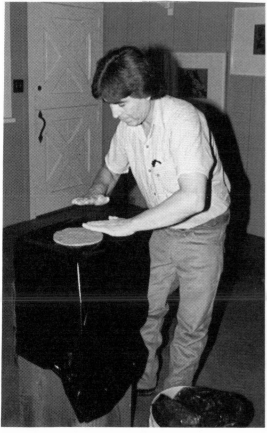

1. Juan starts his pots by making a clay tortilla.

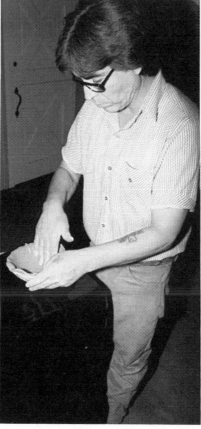

2. Next, he pushes the clay tortilla into a plaster of paris mold, similar to the clay molds of the prehistoric Indians.

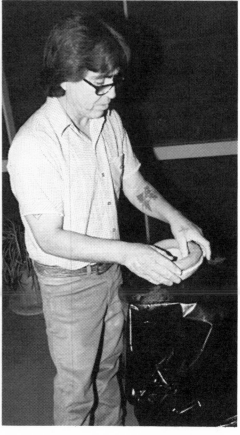

3. Then he attaches a clay doughnut to the molded tortilla.

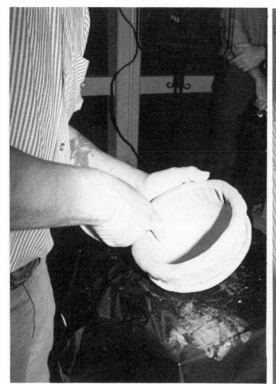

4. Using a pinching process, he pulls the clay up to form his pots.

5. Although a few villagers use a coiling process, the pinching method is the most common.

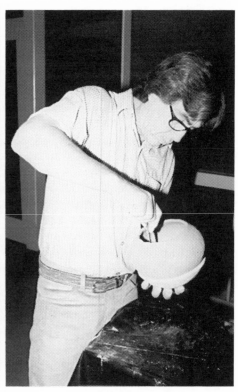

6. The pot is smoothed with a piece of hacksaw blade, and the lip is formed with a smaller doughnut of clay.

1. Juan empieza las ollas por hacer una tortilla de barro.

2. Luego, empuja la tortilla adentro de un molde de yeso, semejante a los moldes de barro de los indios prehistóricos.

3. Luego pega un pedazo redondo de barro en la tortilla enmohecida.

4. Por usar un proceso de apretar, levanta el barro para formar las ollas.

5. Aunque algunas de las personas del pueblo usan un proceso de arrollar, el método de apretar es el más común.

6. Alisa la olla con una hoja de una sierra de armero, y forma el borde con otro pedazo redondo de barro más pequeño.

7. La olla está perfectamente simétrica.

8. Después de formar la olla, la termina con papel de lija, la pone a secar, la pinta, la pule con una piedra y la pega fuego.

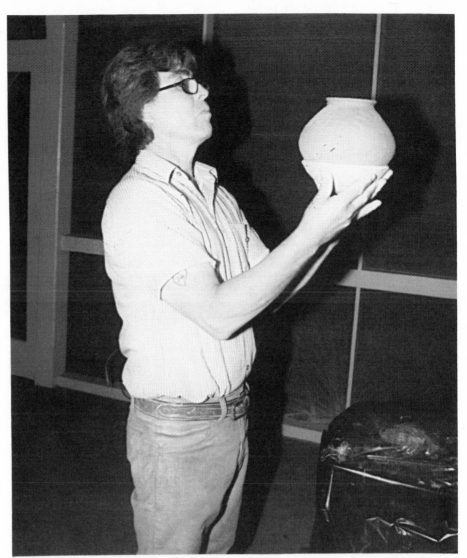

7. The pot is perfectly symmetrical.

8. After the pot has been formed, it is set aside to dry. Then it is finished with sandpaper, painted, polished with a stone and dung-fired.

50

The Painting Process

El Proceso de Pintar

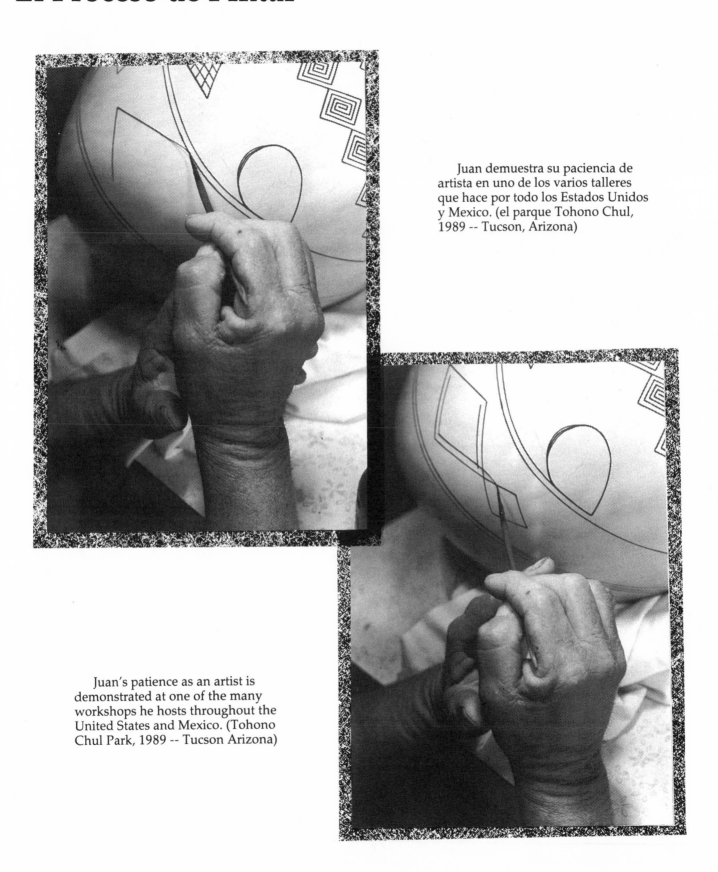

Juan demuestra su paciencia de artista en uno de los varios talleres que hace por todo los Estados Unidos y Mexico. (el parque Tohono Chul, 1989 -- Tucson, Arizona)

Juan's patience as an artist is demonstrated at one of the many workshops he hosts throughout the United States and Mexico. (Tohono Chul Park, 1989 -- Tucson Arizona)

Juan Quezada continues to move in new and imaginative directions. The difference between the pottery he produces today and the pottery of the ancient Indians is the absence of an equator line - a horizontal line separating the upper three quarters of the pot, which was painted, from the bottom of the pot, which was unpainted. The old pots were used for cooking, so there was no need in having a design near the bottom, since it would be scorched and blackened by fire.

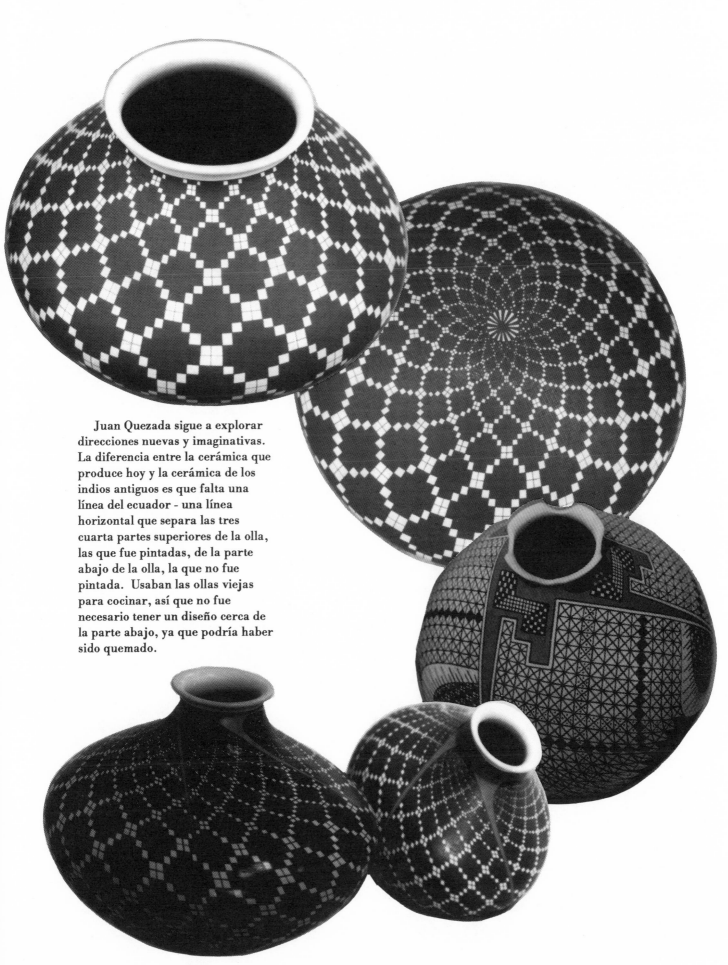

Juan Quezada sigue a explorar
direcciones nuevas y imaginativas.
La diferencia entre la cerámica que
produce hoy y la cerámica de los
indios antiguos es que falta una
línea del ecuador - una línea
horizontal que separa las tres
cuarta partes superiores de la olla,
las que fue pintadas, de la parte
abajo de la olla, la que no fue
pintada. Usaban las ollas viejas
para cocinar, así que no fue
necesario tener un diseño cerca de
la parte abajo, ya que podría haber
sido quemado.

The Firing Process

Juan Quezada demonstrates the wood-firing process

The Firing Process

Casas Grandes potters are at the mercy of the climate. Even though their pots are sometimes preheated in an oven before being fired outdoors, controlling the process is still difficult. Oxygen and other gases vary from fire to fire and affect the quality of the end product. For example, a lack of oxygen causes "fireclouds" - bluish-grey deposits of carbon on the surface of a pot. Although "fireclouds" are undesirable, they do show a pot was fired outdoors using traditional methods.

The firing process always takes place outdoors and may vary slightly from potter to potter. Nevertheless, the procedure is usually accomplished by putting the pot on some stones and placing an inverted bucket or metal ring over it. This keeps the pot from coming into direct contact with the fire. Next, dry cow chips are piled around and over the vessel. A little diesel fuel is sprinkled over the mound of chips, then it is set on fire.

Since the bucket is also raised off the ground by stones, the air is allowed to circulate, creating an oxidizing atmosphere. About thirty minutes later, the fire is scattered and a glowing red-hot pot is plucked from the ashes on the end of a metal poker.

The pot is taken indoors and slowly cooled on a wood-burning stove. The pot changes color as it cools. Although much care is taken in the process, the cow chips burn so rapidly with such a hot flame that many of the pots crack, spall or scorch and don't survive the fire.

On the facing page Juan Quezada demonstrates the wood firing process. This is probably the method the ancient Indians used, since the valley was covered with forest centuries ago. Today wood is scarce, and it is usually only during the rainy season, when the cow dung is wet, that wood is used for fuel. A similar situation occurred in Hopi country. At first the Indians used coal to fire their pottery, since coal was plentiful in their area. But after the conquistadores introduced sheep to the Hopi, dung became the most preferred fuel because it burns with such intense heat.

On the following page, Reynaldo Quezada demonstrates the most popular method of firing Casas Grandes pottery. He uses cow chips from range-fed cattle, since it burns cleaner than that of grain-fed cattle. Dung from grain-fed cattle is avoided because the chemicals used to process the feed cause the chips to burn differently, expelling harmful gases that cause surface blemishes. Reynaldo uses a splash of kerosene before igniting the fire.

El Proceso de Pegar Fuego

Los alfareros de Casas Grandes tienen que respetar su clima. Aunque a veces las calentan las ollas en un horno antes de pegarlas fuego afuera, es difícil controlar el proceso. El oxígeno y otros gases varian de un fuego a otro y impresionan la calidad del producto final. Por ejemplo, una falta de oxígeno causa "nubes del fuego" - unos depósitos del color azul-gris del carbono en la superficie de una olla. Aunque las "nubes del fuego" no son deseables, muestran que una olla fue pegada fuego afuera usando los métodos tradicionales.

El proceso de pegar fuego siempre tiene lugar afuera y pueda variar un poco de un alfarero a otro. Sin embargo, se lo hace por poner la olla encima de unas piedras y cubrirla con una herrada invertida o un circo de metal. Esto previene la olla de ponerse en contacto directo con el fuego. Luego, se amontona estiércol alrededor de y sobre la vasija. Se pone un poco de gas-oil encima del estiércol, y luego lo pega fuego.

Desde la herrada está levantado con piedras, el aire puede circular, lo que hace una atmósfera oxidosa. Después de casi treinta minutos, se dispersa el fuego y se sace una olla ardiente de las cenizas con un hurgón de metal.

Se la lleva la olla adentro y despaciamente la atempera en un horno de leña. La olla cambia de color como atempera. Aunque se tiene mucho cuidado con el proceso, el estiércol quema tan rápidamente con un fuego tan caliente que muchas de las ollas quebran, desconchan y se chamuscan y no sobreviven el fuego.

En la página anterior Juan Quezada demuestra el proceso de pegar fuego con madera. Probablemente, esto es el método que usaran los indios ancianos, desde habían muchos árboles en el valle hace siglos. Hoy día, la madera es escasa, y, por lo usual, sólamente durante la estación de las lluvias, cuando está mojado el estiércol, se usa la madera de combustible. Una situación semejante sucedía en la tierra de los Hopi. Al principio, los indios usaban el carbón para pegar fuego a la cerámica, desde había mucho carbón en la región. Pero, después de que los conquistadores les introducieron ganado lanar a los Hopi, preferían usar el estiércol de combustible acausa de que quema tan caliente.

En la página siguiente, Reynaldo Quezada demuestra el método más popular de pegarla fuego a la cerámica de Casas Grandes. Usa estiércol del ganado vacuno que come pasto, ya que quema más limpio que el del ganado vacuno que come granos. No se usa el estiércol del ganado vacuno que come granos acausa de que los productos químicos usado para fabricar los granos lo hacen quemar diferentemente el estiércol, expulsando gases dañosos que causan manchas en la superficie. Reynaldo use un poco de keroseno antes de encender el fuego.

El Proceso de Pegar Fuego

Reynaldo Quezada demonstrates the dung-firing process

Taurina Baca

The Potters
Manuel Olivas

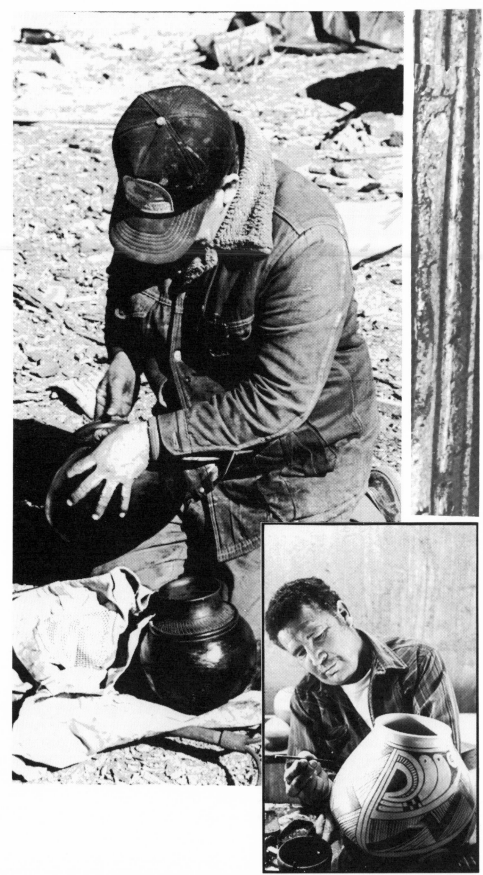

Manuel Olivas, a potter of minor celebrity, was one of the first potters in the Casas Grandes Valley to recreate vessels of the ancients. Today he employs his whole family in the art of pottery making.

Each of his pots take about six hours to complete; two hours to hand coil, pinch and smooth; another three or four hours to paint and burnish, and thirty minutes to fire.

Manuel lives in an area where there are no cattle to provide him with dung for fuel, so he fires his pots with wood in a primitive adobe kiln. Since the fire is not as hot as a dung fire, his pots are more fragile than other artisans and break easily. Manuel also fires up to ten pots at one time. Many of them crack in the process, the result of poor heat distribution. Sometimes you can hear them cracking in the kiln. It is a sad sound; however, the pots that survive the fire are quite elegant in a crude sort of way.

Unlike the other potters in the area, Manuel uses a home-devised potter's wheel in reproducing his replicas of ancient Indian *ollas* (pots). Although his designs are closer to those of the ancients than the other potters, his pots aren't as collectable as those of the Quezada and Ortiz families.

Los Alfareros
Manuel Olivas

Manuel Olivas, un alfarero de poca celebridad, era uno de los primeros alfareros del valle de Casas Grandes que creyó de nuevo las ollas de los ancianos. Hoy día toda su familia fabrica cerámica.

Cada una de sus ollas toma casi seis horas para terminar; dos horas para arrollarla de mano; apretarla y pulirla; otras tres o cuatro horas para pintarla y bruñirla, y treinta

Manuel las pega fuego a la altura de diez ollas a la vez y las quebra muchas en el proceso, el resultado de la distribución mala del calor. A veces, se puede oírlas quebrar en el horno. Es un sonido triste. Todavía, las ollas que sobreviven el fuego son muy elegantes aunque crudas.

Desemejante a los otros alfareros de la región, Manuel usa un torno de alfarero hecho en casa para reproducir sus réplicas de las ollas antiguas de los indios, y sus diseños se parecen más a los de los antiguos que otros alfareros.

minutos para pegarla fuego.

Manuel vive en una región en donde no hay ganado que puedan suministrarle con estiércol para servir para combustible, así pues, las pega fuego sus ollas con madera en un horno primitivo de adobe. Desde el fuego no se hace tan caliente que un fuego de estiércol, sus ollas son más frágiles que las de otros artesanos y se puede quebrarlas fácilmente. Tambien,

The Olivas Family

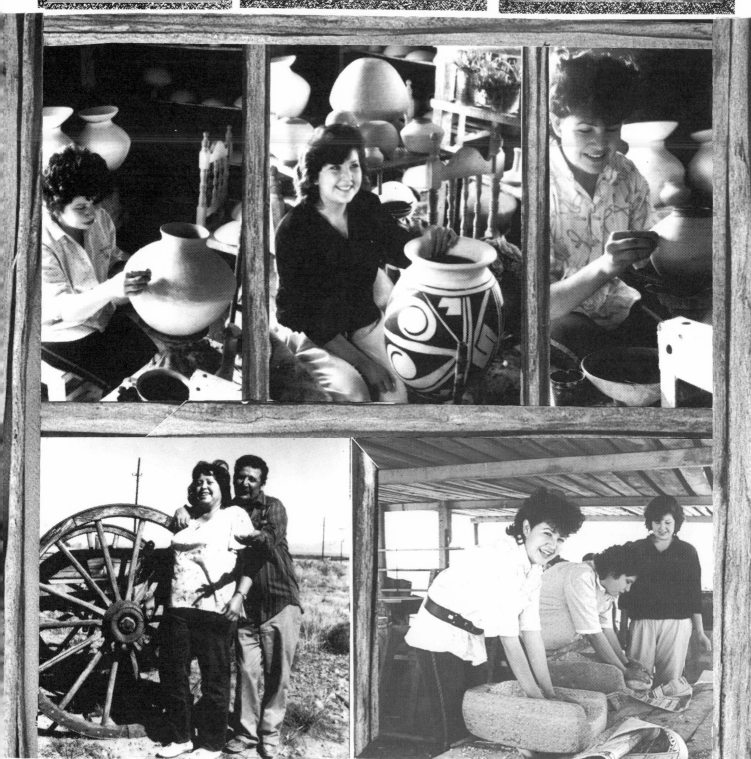

La Familia Olivas

polychrome

Manuel Olivas

Felix Ortiz

Imaginative and creative, Felix Ortiz has gained international recognition for his individual style. As one of Juan Quezada's early students, he has learned the importance of producing high quality pottery.

Polychrome

El imaginativo y creativo, Felix Ortiz se han puesto famoso internacionalmente por su estilo unico. Ser uno de los estudiantes del principio de Juan Quezada, ha aprendido la importancia de producir ceramica de una calidad muy fina.

Policromada

Felix and Family

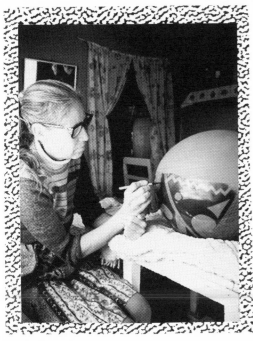

Consolacion Quezada paints a black-on-red vessel.

Consolación Quezada pinta una olla
de negro-sobre- rojo.

The women of the Casas Grandes region produce
some of the village's most beautiful pottery. Pictured
here are Juan's sister, Consolacion Quezada (above),
and Juan's daughter, Nena Quezada (below).

Las mujeres de Casas Grandes producen algunas de
las ollas más hermosas del pueblo. Representado aquí
son la hermana de Juan, Consolación Quezada (arriba),
y la hija de Juan, Nena Quezada (debajo).

*Although Nena Quezada has been
producing pots for only a few years, she
is fast becoming an accomplished Casas
Grandes potter.*

Taurina Baca

Polychrome
Policromada

Socorro Sandoval

Bouncing through the dusty, dirt streets of the village, we encounter many families who produce pottery. The quality of a piece, however, depends on the individual ability of the potter. Pictured here (*right*) is Socorro Sandoval with family and friends. She is noted for her large black-on-red pots.

(*left*) One of Juan's first students, Taurina Baca has become an artist in her own right. With unimaginable attention to detail, she creates ceramics of great beauty.

Pasando por las polvorientas calles de tierra del pueblo, nos encontramos con muchas familias que producen la cerámica. La calidad de una obra, sin embargo, depende en la habilidad individual del alfarero. Representado aquí es Socorro Sandoval con su familia y amigos. Se la reconoce por sus ollas de negro-sobre-rojo.

(izquierda) Uno de los estudiantes primeros de Juan, Taurina Baca se ha puesto artista respetada. Por poner atención inimaginable a los detalles, crea cerámica muy hermosa.

Socorro Sandoval with family and friends.

68

Martha and Consolacion Quezada

Black-on-red
Negro sobre rojo

Martha M. de Quezada

The Children

Children approach our truck; some arrive on horseback, others seemingly appear from the cracks in the old adobe buildings. They ask us if we want to buy pottery, then lead the way to hidden treasures.

Los Niños

Los niños se acercan a nuestro camión; algunos montado a caballos, otros parecen venir de las quebrajas de los edificios viejos de adobe. Nos preguntan si queramos comprar la cerámica y nos llevan a los tesoros escondidos.

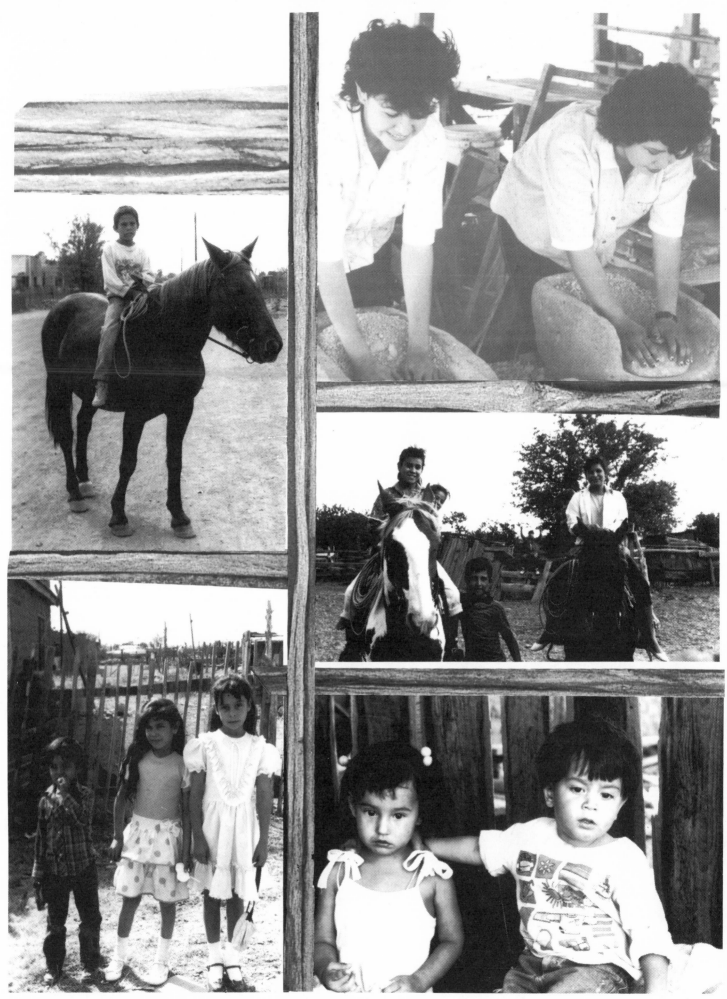

A family gathers cow dung from the fields to be used in the firing process of Casas Grandes pottery.

Tradition and Design

The inspiration of Casa Grandes pottery is taken from Casas Grandes tradition. The renaissance of this beautiful pottery began in the early 1960s, following the Amerind Foundation's excavation of the nearby Paquime ruins in 1958. Until that time, there was little interest in the antiquities of the area, but after the excavation, however, a new awareness developed.

Effigy pots by Oscar Quezada

Noticing a lot of illegal trading and selling of ancient pottery, a few enterprising individuals began making facsimile pots, which were buried in the ground or caked with mud to give them the appearance of being old. These pieces were then sold to tourists and collectors as antiques.

Today the potters of the Casas Grandes Valley are gaining recognition as contemporary artists and are signing their pieces. Certain museums and collectors regard this pottery as some of the finest in the world.

These museum quality polychrome vessels were hand-crafted by Oscar Quezada.

Technically and aesthetically, Casas Grandes pottery equals or surpasses the work of the Indian potters of the American Southwest. It is made with clay from the mountains high above the village of Mata Ortiz, painted with

Noe Quezada is an accomplished artisian who creates exquisite effigy pots of his own design.

human hair brushes and natural pigments (minerals and roots of plants). It is hand-formed, without the use of a potter's wheel, and is dung fired.

Although Casas Grandes pottery has evolved as an artform, it remains true to tradition.

La Tradición y el Diseño

La inspiración para la cerámica de Casas Grandes viene de la tradición de Casas Grandes. El renacimiento de esta cerámica hermosa empezó en los años primeros de 1960, después de la excavación de la Fundación de Amerind de las ruinas de Paquimé en 1958. Hasta ese tiempo, no había mucho interés en las antigüedades de la región, sino después de la excavación, sin embargo, se desarrolló una conciencia nueva. Al fijarse en mucho comercio ilegal de la cerámica antigua, unos individuos emprededores empezaron a hacer ollas facsímiles, las que fueron enterradas en la tierra o pegadas con lodo para darles la apariencia vieja. Luego se les vendieron estas obras a los turistas y coleccionistas como antiguas.

Hoy día los alfareros del valle de Casas Grandes ganan el reconociminto de ser artistas contemporáneos y las firman sus obras. Hay ciertos museos y coleccionistas privados que consideran esta cerámica ser algo de la más fina del mundo. Técnicamente y estéticamente, la cerámica de Casas Grandes sobresale las obras mejores de los alfareros indios del suroeste de los Estados Unidos. La hacen con barro de las montañas muy altas del pueblo de Mata Ortiz, la pintan con cepillos del cabello humano y tintas naturales (de los minerales y de los raíces de los árboles). La hacen de mano, sin usar un torno de alfarero, y la pegan fuego con estiércol. Aunque la cerámica de Casas Grandes ha llegado a ser un arte, continuan con la tradición.

Noe Quezada

actual size

76

Contemporary Design

polychrome

(From left) Taurina Baca, Dora Sandoval, Nicholas Quezada.

Policromada

Los Disenos
Contemporaneos

Nena Quezada

Nicholas Ortiz

Typical matte black design on polished black surface.

black on black

Negro sobre negro

In the early 1960s, after a lapse of more than 500 years, Juan Quezada revived the fine pottery of the Casas Grandes Valley.

Because of his influence and guidance, contemporary Casas Grandes pottery is the finest traditional pottery available today. It is distinguished by its great beauty and balance.

Juan Quezada

Contemporary Design

The renaissance of Casas Grandes pottery began in the early 1960s, after the nearby Paquime Ruins were excavated.

Today, the tradition continues. The pottery is formed without the use of a potter's wheel, painted with natural pigments and dung fired.

Collecting Guidelines

Vessel walls: A thin wall is one of the most important hallmarks of a collectable pot. Also, the inside of a pot should be smooth or polished, indicating the potter took time to produce a quality piece.

Polish: A collectable pot will have a uniform, high-gloss finish. Though most Casas Grandes pottery is stone polished, a few potters use shoe polish as a shortcut to add gloss. Shoe polish can be detected by smelling the vessel. A pot should have an earthen odor.

Paint: The color of the paint should be uniform. Since the paint is made from natural pigments, sometimes colors vary from one batch of paint to the next.

Design: The more intricate the design, the more collectable the pot. The lines in the design should be straight and uniform in width.

Shape: With the exception of effigy pots, the shape of a pot should be symmetrical and have balance.

Flaws: Check the vessel for fire clouds, chips and cracks, all detract from the value.

Artist: A pot is more valuable when it is signed by a known potter: Juan, Nicholas and Reynaldo Quezada, their sisters Lydia, Reynalda and Consolacion, and Felix and Nicholas Ortiz...

Las Normas de Colectar

Los lados de la Vasija: Un lado delgado es una de las características más importantes de una olla cobrable. También, el interior de una olla debe ser suave o pulido, indicando que el alfarero tomó más tiempo para producir una obra fina.

El Lustre: Una obra cobrable tendrá un pulimento uniforme bien lustrado. La mayoría de la cerámica de Casas Grandes es pulido de piedra; sin embargo, unos alfareros usan el betún en vez de las piedras para poner lustre. Se puede distinguir el betún por oler la vasija. La olla debe tener un oler de barro.

La Pintura: El color de la pintura debe ser uniforme. Aunque la pintura es hecha de pigmentos naturales, a veces los colores varian de una mixtura de pintura a la próxima.

El Diseño: Lo más intrincado el diseño, lo más cobrable la olla. Las rayas en el diseño debe ser derechas y uniformes de anchura.

La Forma: A excepción de las ollas de efigie, la forma de una olla debe ser simétrica y tener equilibrio.

Las Imperfecciones: Busquen las nubes di la lumbre los desconchados, y las grietas en de la vasija todo lo que bajan bajan el valor.

El Artista: Una olla tiene más valor cuando es firmado por un alfarero famoso: La familia de Quezada, y Felix y Nicholas Ortiz...

Polychrome
Policromada

Top view
Vista arriba

black on black

Negro sobre negro

Beyond Ceramics

While teaching his ceramic techniques in Idyllwild, California, Juan came into contact with artists working in other mediums. He was interested in what he saw, but it wasn't until he met printmakers Nick Capaci and Joni Northcutt in 1984 that he became deeply involved in another art form.

Capaci, Northcutt and Tom Fresh, director of the native art program at the Idyllwild School of Fine Arts, became intrigued with the idea of Juan adapting his complex pottery patterns to a flat surface. They gave Juan a copper plate and encouraged him to experiment with it. After a few tries and some coaching, he took another plate, and working from one side to the other with a stylus he created the first of three plates needed for the image *Mis Animales* (My Animals). The print is a combination etching and aquatint printed from three separate plates on handmade, archival paper from France.

Juan liked this medium so much that over the next two years he produced four more prints, including the black aquatint *Relampago* (Lightning). Each of the prints were produced in limited editions of 125, plus eight artist's proofs.

Allende la Cerámica

Por enseñar sus técnicas de la cerámica en Idyllwild de la California, Juan se dio con otros artistas quienes trabajaban con otros métodos. Tenía interés en lo que veía, pero no era hasta que conoció con los artistas de impresionar Nick Capaci y Joni Northcutt en 1984 que llegó a ser interesado con otro arte.

Capaci, Northcutt, y Tom Fresh, el director del programa del arte nativo en la escuela Idyllwild del Arte Fino, se intrigaban con la idea de que Juan adaptara sus patrones complejos de la cerámica en una superficie plana. Le dieron a Juan un plato de cobre y la animaron a experimentar con ello. Después de unas pruebas y algunas lecciones, tomó otro plato, y trabajaba de un lado al otro con un estilo, creyó el primero de tres platos necesarios para la imagen **Mis Animales**. El diseño es una combinación de delinear y acuatintar, impresionado de tres platos separados en papel archival y hecho de mano de la Francia.

Juan le gustaba este método tanto que durante las próximas dos años, producía cuatro más impresiones, incluyendo la acuatinta negra **Relámpagos**. Cada una de las impresiones fueron producidas en ediciones limitadas de 125, más ocho pruebas artísticas.

Relampago (Lightning)

85

Mis Animales (My Animals)

Epilogue

Early 1990, Juan Quezada signed a five-year contract with a Japanese investor, granting exclusive rights to all of his work and the work of his immediate family.

Mrs. Reiko Horiguchi, art collector and president of Fugi Project Co. Ltd., became aware of Juan and his extraordinary talents as an artist during the Pope's visit to Chihuahua. She was doing business in Mexico at the time.

As the story goes, the Bishop in Nuevo Casas Grandes asked Juan to make a pot for Pope John Paul II. Mrs. Horiguchi saw pictures of the pot, and she was so impressed that she traveled to Mata Ortiz to meet the artist. The rest of the story is history.

Along with business interests in Saipan, Jamaica, Canada and Mexico, Mrs. Horiguchi also owns a gallery in Tokyo. Her collection includes works by Renoir, Monet, Braque and now Juan Quezada.

Mrs. Horiguchi has promised Juan a very high price for each piece produced. This includes the work of Noe, Nena, Junior and the rest of Juan's children. She has set up a company in Albuquerque that is headed by relatives of Juan's wife. She is also planning an international tour with exhibitions in the major cities of Europe and the Orient.

Epilogo

Al principio de 1990, Juan Quezada firmó un contrato con una desarrolladora Japonesa el cual la confiría los privilegios exclusivos a todo su trabajo y el de su familia inmediaba para cinco años.

La Señora Reiko Horiguchi, una colectora y el presidente de la compañía Fugi, le conocía a Juan cuando visitaba el Papa a Chihuahua. Se dice, que el Obispo de Nuevo Casas Grandes le pidió a Juan a hacer una olla para el Papa Juan Pablo II. La Señora Horiguchi vio fotos de la olla y era tan influída que viajó a Mata Ortiz para conocerle al artista.

También como propiedades parciales en Saipan, Jamaica, el Canadá, y México, la Señora Horiguchi tambien posee una galeria en Tokyo. Su colección incluye obras por Renoir, Monet, Braque y ahora Juan Quezada.

La Señora Horiguchi le ha prometido a Juan a pagar muy bien por cada obra que produzca. Esto incluye el trabajo de Noe, Nena, Junior y lo demás de los hijos de Juan. Ella ha establecido una compañía en Albuquerque, la cual está dirigido por los parientes de la esposa de Juan que viven en los Estados Unidos, y está trazando un circuito internacional con exhibiciones en las ciudades principales de la Europa y el Oriente.

About the author

A transplanted midwesterner with an avid interest in Southwestern art, Rick Cahill developed a special fascination for the pottery of northern Mexico's Casas Grandes Valley, a fascination that led to a friendship with potter Juan Quezada and ultimately inspired the creation of this book.

A free lance writer and photographer, he is the author of three other books (*Colorado Hot Springs Guide, New Mexico Hot Springs Guide* and *Border Towns of the Southwest*). He currently lives in Tucson, Arizona.